Lotte Bormuth

Gott entdecken ist Leben

FRANCKE
Verlag der Francke-Buchhandlung GmbH

Die Deutsche Bibliothek — CIP-Einheitsaufnahme

Bormuth, Lotte:
Gott entdecken ist Leben / Lotte Bormuth. — Marburg an der
Lahn: Francke, 1993
    (TELOS-Bücher; Nr. 7628 : TELOS-Taschenbuch)
    ISBN 3-86122-061-X
NE: GT

Umschlaggestaltung: Herybert Kassühlke
Satz: Druckerei Schröder, 3552 Wetter/Hessen
Druck: Druckhaus Gummersbach, 51627 Gummersbach

TELOS-Taschenbuch Nr. 7628

Inhalt

Es wird nicht dunkel bleiben

„Es wird nicht dunkel bleiben über denen, die in Angst sind." Diese Aussage aus dem Buch des Propheten Jesaja ist mir zu einem Schlüsselwort bei der Arbeit für die Telefonseelsorge geworden. Es gab viele anfechtungsreiche und gefahrvolle Tage und Nächte in diesem Dienst. Ich habe gelitten, gebangt, gehofft, Menschen aus ihrer Depression und Verzweiflung heraus zu führen. Keiner darf im Dunkeln, in der Selbstzerstörung, in der Schwermut bleiben. Christus ist auf unsere geschundene, zerquälte Erde gekommen, damit es hell werde. Die Angst darf durch die Liebe des Gottessohnes bezwungen werden. „Nein, es wird nicht dunkel bleiben."

Wenn ich meinen Dienst antrete und neun lange Stunden vor mir liegen, greife ich zuerst zu meiner Bibel. Ich erbitte mir ein Wort von Gott, das mich durch meine Nachtschicht begleitet. Ich will nicht *meinen* Rat und *meine* Hilfe vermitteln, sondern ich bin Botin meines Herrn Jesu und will zum Glauben an ihn rufen. Der unbehauste, verzweifelte, einsame Mensch soll bei Christus Geborgenheit, Zuflucht, Freude finden.

Die Entstehung der Telefonseelsorge

Entstanden ist diese Arbeit in Marburg durch eine Evangelisation im Hörsaalgebäude der Universität. 14 Tage lang wurde das Evangelium verkündigt. Genau in dieser Zeit wurde auch die Möglichkeit angeboten, über eine bestimmte Telefonnummer einen Seelsorger anzurufen, um Hilfe in Konfliktsituationen zu erlangen. Wir waren erstaunt, wie viele Menschen zum Hörer griffen. Damit hatten wir Mitarbeiter gar nicht gerechnet.

Als die Tage der Verkündigung vorüber waren, sollte die Chance zur seelsorgerlichen Beratung nicht schlagartig abgebrochen werden. Langsam würde dieser Dienstauftrag sowieso auslaufen und die Anrufe verstummen, meinten die Verantwortlichen. Aber das Gegenteil war der Fall. Das Läuten verstummte nicht, ja wir machten die Erfahrung, daß besonders in den Abendstunden zum Hörer gegriffen wurde. Den verantwortlichen Brüdern und Schwestern wurde klar: Hier hat uns Gott vor eine gewaltige Aufgabe gestellt. Die Seelsorge übers Telefon muß weitergehen. Menschen befinden sich in Not und benutzen dieses technische Mittel, um Hilfe und Trost zu empfangen.

Mitarbeiter wurden gesucht, und mir wurde klar, daß ich mich dieser Aufgabe stellen sollte. Seit 17 Jahren stehe ich schon in diesem Dienst, und es gehört zu meiner besonderen Aufgabe, daß ich mich um Selbstmordgefährdete kümmere.

Der Selbstmord mehrt die Macht der Zerstörung. Der Selbstmörder kapituliert vor dem Bösen. Freiheit, Glaube und Hoffnung werden durch diese Tat ad absurdum geführt. Wir haben jedes Jahr über zwanzigtausend Selbstmordtote in unserer Bundesrepublik. Die Zahl der Suizidversuche liegt bei ungefähr 250 000. Wir haben mehr Menschen, die durch eigene Hand sterben, als Unfalltote, und das sollte uns allen zu denken geben. Allein 2000 Kinder nehmen sich jährlich das Leben.

Christus aber will Leben und Hoffnung schenken. Ewiges Leben darf schon in unserer Zeit seinen Anfang nehmen. „Es wird nicht dunkel bleiben über denen, die in Angst sind."

So will ich mich gerne in diesen Dienst stellen, dessen Zielsetzung es ist, Menschen mit Christus bekannt zu machen und sie in lebendige Gemeinden zu führen. Sie sollen Freundlichkeit, Hilfe und Heilung erfahren und dazu noch Geborgenheit in dem warmen Nest einer Gemeinde.

Die Vielseitigkeit der Telefonseelsorge

Ich weiß um eine Nacht, in der ich 48 mal angerufen wurde. Am anderen Morgen war ich wie gerädert. Manchmal war mein Dienst um 8 Uhr früh noch nicht beendet. Mit einer psychisch kranken Frau mußte ich zum Nervenarzt fahren, ein Student brauchte dringend ein Zimmer, denn er hauste in einem Zelt auf dem Campingplatz und die Lahn drohte über die Ufer zu steigen, für einen Alkoholiker mußte ich mich um eine Entziehungskur bemühen usw.

Nur einmal während der vielen Nächte geschah es, daß das Telefon nicht klingelte. Natürlich war ich verwundert. Aber ich dankte Gott für die Ruhe, die er mir geschenkt hatte.

Es gibt Anrufe, die kurz und bündig sind. Andere wiederum können sich bis zu zwei Stunden hinziehen. Der längste Anruf dauerte sechseinhalb Stunden.

Eine alleinerziehende Mutter

Eine alleinerziehende Mutter hatte eine Überdosis Tabletten geschluckt. Sie sah nur noch im Tod die Lösung ihrer Probleme. Ich habe gerungen, gekämpft, gebetet, ja sogar im Namen Jesu Christi geboten: „Herr Jesus, du bist Sieger, und du bleibst Sieger auch im Leben dieser jungen Frau!" Und Gott erhörte mein Rufen, ja mein Schreien. Nach sechseinhalb Stunden gelang es mir, die Adresse der Lebensmüden herauszufinden und sie zu retten. Wie in einem Puzzlespiel setzte ich Teil um Teil der Informationen, die ich ihr entlocken konnte, zusammen. Gegen vier Uhr morgens war der Sieg Christi über das Leben errungen. Ich konnte die Polizei in der Nähe Nürnbergs alarmieren, und sie holte die Mutter aus ihrem Appartement ab und brachte sie in die Klinik. Dort konnte der Magen ausgepumpt werden. Aber ich gestehe freimütig, daß ich zwei Tage brauchte, bis ich die Angst überwunden hatte und mich die Freude über diese wunderbare Rettung erfüllte.

Die älteste Anruferin

Meine älteste Anruferin war eine alte Dame von fast 90 Jahren. Sie war in Zweifel geraten, ob denn die Auferstehung Jesu Christi auch wahrhaftig sei. Bekannte hatten sie zum Grab ihres Mannes gefahren und wie beiläufig zu ihr gesagt: „Tot ist tot, da rührt sich nichts mehr. Ewiges Leben existiert nur in den Hirnen der Frommen. Das ist ein Wunschdenken der Menschen schon von alters her, eine Utopie."

Nun war diese Witwe sehr beunruhigt, und in ihrer Not wählte sie die Nummer, die bundesweit gleich ist, 11101. Wer natürlich von auswärts anruft, muß noch die Vorwahl Marburgs davor setzen: 06421.

Ich schlug meine Bibel auf und las dieser alten Dame Verse aus dem schönsten Kapitel über die Auferstehung, aus 1. Korinther 15 vor:

„Es wird gesät verweslich und wird auferstehen unverweslich.

Es wird gesät in Niedrigkeit und wird auferstehen in Herrlichkeit. Es wird gesät in Schwachheit und wird auferstehen in Kraft.

Es wird gesät ein natürlicher Leib und wird auferstehen ein geistlicher Leib.

Denn es wird die Posaune erschallen, und die Toten werden auferstehen unverweslich, und wir werden verwandelt werden.

Denn dies Verwesliche muß anziehen die Unverweslichkeit, und dies Sterbliche muß anziehen die Unsterblichkeit.

Der Tod ist verschlungen vom Sieg. Tod, wo ist dein Stachel? Hölle, wo ist dein Sieg?

Gott aber sei Dank, der uns den Sieg gegeben hat durch unsern Herrn Jesus Christus!" Nachdem ich diese ausgewählten Verse gelesen hatte, fragte ich die alte Dame: „Erlauben Sie mir, daß ich noch ein Gebet spreche?"

„Ja, ich bitte darum!" war ihre Antwort.

So lobte ich Gott über diesem herrlichen Geschehen. Er hat Jesus Christus nicht im Tode gelassen, sondern hat ihn an diesem wunderschönen Ostermorgen zu neuem Leben erweckt. Die Auferstehung ist die bestbezeugte Tatsache im Neuen Testament. Da wird einem das Herz weit, und die Hoffnung gewinnt Raum.

Nein, wir werden nicht im Tode bleiben, sondern mit Jesus am Jüngsten Tage auferweckt werden zum ewigen Leben.

„Es wird nicht dunkel bleiben über denen, die in Angst sind."

„Haben Sie herzlichen Dank für Ihre Ausführungen. Nun kann ich beruhigt sein. Ich werde meinen Mann im Himmel wiedersehen", freute sich die alte Dame.

Mein jüngster Anrufer

Mein jüngster Anrufer war ein kleiner Junge. Ich vermute, daß er acht oder neun Jahre alt war.

„Mein Papa und meine Mama mögen mich nicht!" beklagte er sich heftig. „Sie haben mich überhaupt nicht mehr lieb!"

„Nanu", wandte ich ein, „wie kommst du darauf?"

„Alle Kinder in meiner Klasse dürfen fernsehen, und mir wird fast alles verboten. Mein Papa und meine Mama haben mich nicht mehr gern!"

„Du", gab ich ihm zu verstehen, „ich glaube, dein Papa und deine Mama haben dich besonders gern. Sie wollen dich vor Gewalt und Terror schützen! Wenn du z. B. nur die Nachrichten siehst, hättest du heute nacht gar nicht einschlafen können, so brutal sind die Sendungen. Du hättest

Angst bekommen und dich im Bett hin- und hergewälzt. Da ist der schreckliche Krieg in Serbien. Die Soldaten liegen blutüberströmt auf den Straßen. Sogar kleine Kinder werden von Bomben und Granatwerfern zerrissen und verstümmelt. Das kann schon ein Erwachsener kaum mehr mit ansehen, wieviel weniger ein kleines Kind!

Außerdem wird ein Bericht über ein Erdbeben in der Türkei gezeigt. Ganze Städte liegen verwüstet da, die Menschen haben kein Dach über dem Kopf. Es fehlen Lebensmittel und Wasser. Über Amerika ist ein Flugzeug brennend abgestürzt. Bei der Demonstration in Berlin werfen die Demonstranten mit Pflastersteinen auf die Polizei und zünden Autos an.

Ich glaube, deine Eltern haben dich besonders gern. Sie wollen dich vor all den entsetzlichen Bildern bewahren und dein zartes Gemüt schützen. Deshalb verbieten sie dir das Fernsehen."

Und während ich mit dem Jungen sprach, wurde ich daran erinnert, wie einmal die Lehrerin in die Klasse unseres Sohnes kam, und die Hälfte der Schüler war fest eingeschlafen. Die Lehrerin erschrak, sie konnte die Sache gar nicht verstehen. Waren denn die Kinder krank? Dann aber erfuhr sie folgendes: Bernd durfte am Abend immer noch vor dem Bildschirm sitzen, und wenn er zu Bett gehen sollte, dann packte ihn die Angst so sehr, daß er gar nicht einschlafen konnte. Schließlich sagte die Mutter: „Bernd, du kannst bei mir sitzenbleiben, und dann gehen wir eben zusammen schlafen." Und so schaute sich Bernd alle Sendungen an, die angeboten wurden, sei es ein Krimi, eine Kultursendung, oder eine Talkshow oder die Nachrichten. Alles, was über den Bildschirm flimmerte, beschäftigte seine zarte Kinderseele. Gegen zehn oder halb elf ging dann die Mutter zu Bett. Und weil er so aufgewühlt war von all dem, was er gesehen hatte, fand er nicht zur Ruhe. Die Mutter gab ihm dann Schlaftabletten.

Eines Morgens nahm Bernd die Tabletten mit in die Schule und verteilte sie wie Bonbons unter seinen Klassenkameraden. Es war ein gutes, ja sogar sehr gutes Schlafmittel, denn der Erfolg stellte sich spontan ein. Die Hälfte der Kinder war fest eingeschlafen.

Diese Geschichte hat sich wirklich so ereignet. Lange habe ich mich mit meinem jüngsten Gesprächsteilnehmer unterhalten, der davon überzeugt war, daß seine Eltern ihn nicht mehr liebten. Dann aber sagte er plötzlich: „O, ich muß schnell den Hörer auflegen. Der Schlüssel rappelt im Schloß. Mein Papa und meine Mama kommen von der Bibelstunde nach Hause, sie dürfen nicht wissen, daß ich die Telefonseelsorge angerufen habe." Und bei diesen Worten verstummte der kleine Kerl. Ich aber schmunzelte im stillen.

Wenn die Einsamkeit zur Plage wird

Während unseres Dienstes haben wir immer wieder sogenannte Daueranrufer. Sie sind fast allen Mitarbeitern bekannt. Es sind meist einsame Menschen; die Einsamkeit ist ja ein riesiges Problem in unseren Tagen. Sie rufen meist ein- oder zweimal täglich an und wollen sich mit uns unterhalten. Wir kennen ihre Lebensgeschichte, wissen, daß sie fünfmal umgezogen sind, im Krieg zweimal ausgebombt wurden, nach 1945 ein halbes Jahr in amerikanischer Gefangenschaft waren, mehrmals an Krebs operiert wurden, Astern und Löwenmäulchen zu ihren Lieblingsblumen zählen und sie gerne Sauerkraut mit Rippchen essen.

An eine Frau erinnere ich mich besonders. Sie war 83 Jahre alt, fast blind, so daß sie ihre Wohnung nicht mehr allein verlassen konnte, zudem war sie auch noch gehbehindert. Sie lebte in ihren zwei Zimmern mit Bad und Küche, aber sie fühlte sich doch sehr einsam.

Gewiß, sie wurde mit Essen und Trinken gut versorgt. Morgens kam sogar ein Pfleger, verabreichte ihr die Medizin für den Tag und gab ihr eine Spritze gegen die Zuckerkrankheit. Sie brauchte Blutdruckmittel und Herztabletten.

Ein junges Mädchen schaute gegen 1/2 9Uhr bei ihr herein, richtete ihr das Frühstück, räumte die Wohnung auf und kaufte die nötigen Dinge ein. Mittags wurde das Essen auf Rädern angeliefert, und am Abend klingelte eine Nachbarin an ihrer Tür und versorgte die alte Dame für die Nacht.

Es waren alles sehr treue, verantwortungsbewußte Menschen, die nach der über Achtzigjährigen schauten. Aber sie hatten es immer alle ganz eilig, und zu einem Schwätzchen blieb keine Zeit. So liebte es die alte Dame, wenn sie sich mit uns unterhalten konnte. Eine Viertelstunde oder zwanzig Minuten räumten wir ihr gerne ein.

Eines Tages rief sie an — ich hatte gerade Dienst — und sagte: „Am 19. Mai habe ich Geburtstag. Könnten Sie mir da nicht von der Telefonseelsorge aus gratulieren?"

„Aber klar!" lachte ich fröhlich. „Ich werde dieses Datum an die Pinnwand heften, und wir werden Ihren großen Tag nicht vergessen."

Als ich zwei Wochen später wieder Dienst hatte, berichtete mir das glückliche Geburtstagskind: „Ach, war das aber schön! Ihre Mitarbeiterin hat mir gratuliert, dann die Losung des Tages gelesen, gebetet, ein Lied durch den Hörer gesungen und mir sogar einen Nelkenstrauß über Fleurop geschickt. Das war alles so wunderbar, ich habe mich mächtig gefreut. Zum ersten Mal in meinem ganzen Leben wurde mir zum Geburtstag ein Lied gesungen. Können Sie im nächsten Jahr wieder den 19. Mai im Auge behalten?"

„Aber klar! Erinnern Sie uns kurz vorher an Ihren Geburtstag! Wir feiern gern mit Ihnen."

Ein Jahr später konnten wir diesem Wunsch nicht mehr nachkommen. Gott hatte diese alte Dame in die Ewigkeit abberufen. Aber es war doch schön, daß sie wenigstens einmal in ihrem Dasein einen Choral zu ihrem Fest hören durfte.

Wenig ist nötig, wirklich nur sehr wenig, um große Freude zu bereiten und einen Strahl des Glücks in das Leben Einsamer zu bringen.

Katerle Peter

Aber wir sind in unserer Aufgabe nicht nur für Menschen zuständig, sondern manchmal sogar für Tiere.

Katerle Peter war krank geworden. Schon seit Tagen verweigerte er das Futter. Die schönsten Fleischbrocken blieben in seinem Napf liegen. Immer elender wurde das Katerle. Sein Herrchen machte sich mächtig Sorgen. Vier Jahre schon lebten die beiden zusammen und hatten Freud und Leid miteinander geteilt. In seiner Not rief der alte Herr bei uns im Büro an: „Könnten Sie nicht für mein Katerle Peter beten? Das Tier ist krank, und ich fürchte um sein Leben."

Da legte ich eine Hand auf meinen Schoß und rief Gott an, er möchte doch den Kater wieder gesund machen.

Mir war das Gebet für den Kater nichts Ungewöhnliches, weiß ich doch, wie wir zu Hause auf unserem Hof im Warthegau einmal für 13 Rinder gebetet haben. Sie hatten nassen, gereiften Klee gefressen, und dabei waren ihre Leiber qualvoll aufgedunsen. Einen Vormittag lang bangten wir um sie und rieben die aufgetriebenen Bäuche mit Stroh. Das Gebet und die Bauchmassage haben wunderbar geholfen.

Ich weiß noch genau, wie erleichtert und dankbar mein Vater am Abend dieses notvollen Tages war, als der Stallknecht meldete: „Alle Rindviecher sind wohlauf!" Ob es dem Katerle Peter genauso ergangen ist?

Ein Bauer und seine roten Zahlen

Ich hatte mit meinem Mann eine kleine Auseinandersetzung. Er wollte mich schonen und selbst Dienst tun, ich aber war der Meinung, daß ihn diese Nachtschicht zuviel Kraft kosten könnte, denn er mußte ja am nächsten Morgen wieder zum Unterricht bei seinen Studierenden erscheinen, ich aber hätte gut und gern am Vormittag zwei Stunden schlafen können. Ein schnelles Essen hätte ich schon noch auf den Tisch gezaubert. Eine Weile ging das hin und her, und schließlich hatte ich meinen Mann überredet, daß er mich gehen ließ.

So begann ich meine Spätschicht. Gegen Mitternacht rief ein Bauer an und stöhnte: „Ich stecke tief in den roten Zahlen und weiß nicht, wie ich da wieder rauskommen kann. Meine Frau klagt und jammert mir die Ohren voll: ‚Karl Friedrich, nie können wir in Urlaub fahren, und neue Kleider brauchte ich auch mal wieder.' Meine Kinder quengeln und schimpfen: ‚Papa, andere Klassenkameraden haben schon längst ein Rennrad, wie lange muß ich denn noch warten?' ‚Papa, im Herbst möchte ich wie meine Freundinnen in die Tanzstunde gehen. Papa, bezahlst du mir den Kurs?'

Es herrscht bei uns zu Hause eine miese Stimmung, und das nur, weil in meiner Kasse ständig Ebbe ist. Können Sie mir sagen, was ich tun kann, um aus diesem Defizit wieder heraus zu kommen?"

Da war natürlich guter Rat teuer.

„Sie müssen mir erst mal sagen, wie groß Ihr Betrieb ist. Haben Sie sich auf Rinder— oder Schweinezucht spezialisiert?"

„Nein, nein, ich habe noch beides, Rinder und Schweine im Stall."

„Aber das geht doch gar nicht mehr in unserer heutigen Zeit. Sie müssen entweder Rindviecher oder Schweine züchten, aber nicht beides zusammen. Bei den niedrigen Schlachtpreisen muß es die Menge der Tiere bringen, sonst kommen Sie nie aus den roten Zahlen heraus. Wie ist denn Ihr Land? Bestehen Ihre Äcker aus schweren, humusreichen Lehmböden, oder haben Sie leichte Sandböden?"

„Na, so genau kann ich Ihnen das jetzt nicht sagen."

„Aber genau das ist wichtig. Ich gebe Ihnen den guten Rat: Fahren Sie auf die Felder hinaus, und entnehmen Sie auf den einzelnen Äckern Bodenproben. Graben Sie aber tief und schürfen Sie nicht nur auf der Oberfläche herum.

Diese Bodenproben füllen Sie in Dosen, die Sie genau beschriften müssen. Das Landwirtschaftsamt soll Ihnen dann die Bodenproben analysieren. Sie müssen unbedingt wissen, wie Ihre Ländereien beschaffen sind. Wenn es leichte, sandige Böden sind, können Sie Kartoffeln und Hafer anbauen. Besteht Ihr Land aus humusreichen Lehmböden, dann pflanzen Sie Zuckerrüben und bauen Weizen an. Die Analyse gibt Ihnen auch Auskunft, ob der Boden zu wenig Dünger hat oder aber überdüngt ist. Vielleicht brauchen Ihre Felder Stickstoff, Kalium oder Phosphat? Es gibt dann noch Spezialdüngemittel, die für den Pflanzenwuchs notwendig sind, Spurenelemente wie z. B. Magnesium, Eisen und Kupfer. Alle diese Informationen erhalten Sie durch die Analyse der Bodenproben, und danach richtet sich der Anbau Ihrer Felder. Aber bitte beachten Sie auch die Fruchtfolge, wie die zeitliche Aufeinanderfolge von Kulturpflanzen auf einer Nutzfläche aussehen muß. Manchmal ist es auch wichtig, daß sich Feldnutzung und Grasnutzung abwechseln. All dies gilt es zu berücksichtigen, und dann entscheiden Sie sich entweder für Rinder- oder Schweinehaltung."

Und während ich dem Landwirt dies alles erläuterte, mußte ich im stillen denken: O wei, was hätte Karl Heinz jetzt dem Bauern gesagt. Meinem Mann kann man Fragen stellen zu Problemen der Ethik oder Exegese, er ist bewandert in alten Sprachen und Literatur, aber im landwirtschaftlichen Bereich fehlen ihm jegliche Kenntnisse, da hat er wenig Ahnung.

Ich hingegen komme aus der Landwirtschaft. Mein Vater war Professor für Agrarwissenschaften, und nach dem Krieg haben wir uns mit gepachtetem Land über Wasser gehalten und uns als Flüchtlinge recht und schlecht durchgeschlagen. Mein Vater hat uns alle Arbeiten genau erklärt, ob es um die Frühjahrsbestellung oder Ernteeinbringung ging.

Es war ein langes Gespräch, das ich mit dem Bauern in dieser Nacht führte. Er bedankte sich herzlich für meine fachmännische Auskunft, und ich hoffe, daß inzwischen auch seine Frau und Kinder zufrieden sind und er die roten Zahlen vergessen hat.

Ein Ladendiebstahl und seine Folgen

Es macht mich dankbar, wenn ich mit Problemen zu tun habe, bei denen ich Abhilfe schaffen kann. Aber manchmal fühle ich mich auch überfordert. Es gibt Nöte, da fehlt mir das Fachwissen, um recht raten zu können. Muß ich dann passen?

Zum Glück nicht. Ich will ein Beispiel dazu erzählen.

Eine noch junge Frau rief bei der Telefonseelsorge an und fragte, ob sie denn ihrem neuen Arbeitgeber den Ladendiebstahl melden müsse, den sie vor zwei Jahren begangen habe. Sie könne eine gute Stelle antreten, aber diese Sache mit den zwei Flaschen Parfüm, die sie mal bei Karstadt habe mitgehen lassen, bekümmere sie.

Wie froh bin ich darüber, daß wir in der Telefonseelsorge gute Berater auf vielen Fachgebieten haben. So bat ich die Dame, sie möchte mich in einer Stunde wieder anrufen, denn in der Zwischenzeit könnte ich mir Rat holen.

Ich telefonierte mit unserem Juristen und schilderte ihm meinen Fall. „Nein", gab er mir zur Auskunft, „Ladendiebstahl fällt unter die Rubrik ‚Bagatelle'. Ihre Anruferin muß dies nicht ihrem neuen Chef melden."

Als dann eine Stunde später das Telefon wieder klingelte und ich diese Auskunft weitergab, löste sie große Freude aus. Wenn ich der Dame gegenüber gestanden hätte, hätte sie mich umarmt, so riesig war ihr Glück. Wir führten noch ein längeres Gespräch miteinander, in dem ich wissen wollte, ob sie in bezug auf fremdes Gut anfällig sei.

„Nein", versicherte sie mir, „ich bin keine Diebin. Damals vor zwei Jahren ging meine Ehe in die Brüche. Aus lauter Verzweiflung bin ich durch die Kaufhallen geirrt — zu Hause hielt ich es nicht länger aus — und dabei habe ich wie

in einem Trancezustand das Parfüm in meine Tasche einge-
steckt. Der Kaufhausdetektiv hat mich dabei beobachtet
und mich aufgegriffen. Ich versichere Ihnen, ich werde nie
mehr so etwas tun. Haben Sie herzlichen Dank für Ihre
Bemühungen."

An diesem Beispiel konnte ich deutlich erkennen, wie
erleichtert und glücklich ein Mensch ist, wenn ihm alte
Schuld nicht angerechnet wird. Hier handelte es sich um
den Diebstahl von Parfüm. Christus aber vergibt mir alle
meine Schuld, auch meine verborgenen Fehler. Sein Blut
hat die Kraft, Sünden zu vergeben. Nun wurde ich erneut
dankbar für Jesu wunderbare Erlösungstat am Kreuz.

Durch diesen Anruf angeregt summte ich im Büro der
Telefonseelsorge leise das Lied vor mich hin:

„Sein Kreuz bedeckt meine Schuld.
Sein Blut macht hell mich und rein.
Mein Wille gehört meinem Gott.
Ich traue auf Jesus allein."

Wenn das Baby stirbt

Es klingelt, und ich nehme den Hörer ab. Nur Schluchzen
und Weinen dringen an mein Ohr. „Weinen Sie sich richtig
aus. Ich habe viel Zeit. Tränen sind auch eine gute Gabe
Gottes", versuche ich beruhigend auf die Frau einzugehen.
Erst nach einer Weile erfahre ich, daß es sich um eine junge
Mutter handelt.

„Ich rufe aus dem Diakonie-Krankenhaus an. Heute
morgen war ich beim Frauenarzt. Wir erwarteten in einem
Monat unser drittes Kind. Nachdem er mich untersucht
hatte, machte er ein bedenkliches Gesicht. ‚Sie können jetzt
nicht nach Hause fahren, sondern müssen sofort ins Krankenhaus. Ich kann leider bei Ihrem Baby keine Herztöne
mehr feststellen. Es lebt nicht mehr.'

Ich habe die Worte des Arztes gehört und doch nicht

gehört. Ich war wie benommen. Erst nach einer Weile begriff ich, was mir da zugestoßen war. Unser Kind war tot, tot, einfach tot, und ich bin schuld daran, ich ganz allein. Mein Frauenarzt hat mir gleich zu Beginn der Schwangerschaft das Rauchen verboten, aber ich habe doch geraucht, ich konnte es einfach nicht lassen. Und nun ist mein Kind tot. Ich bin schuld. Straft mich jetzt Gott mit dem Tod unseres Babys? Straft mich Gott?"

Einen Augenblick schweigen wir beide. Dann wird die Mutter von heftigem Weinen erschüttert.

„Liebe Frau Schmitz (der Name wurde geändert), wenn Gott uns wegen unserer Schuld strafen würde, dann wäre wohl niemand mehr von uns am Leben. Hören Sie, wie Gott mit unserer Schuld umgeht. Durch den Propheten Jesaja läßt uns Gott sagen: ‚Die Strafe liegt auf Christus, damit wir Frieden hätten, und durch seine Wunden sind wir geheilt.' Jesus Christus hat unsere Schuld auf sich genommen, er verzeiht uns alles, und unser Herz darf bei ihm zur Ruhe kommen. Gewiß, manchmal müssen wir die Folgen tragen, und ich empfinde tiefen Schmerz wegen Ihres abgestorbenen Kindes. Aber kommen Sie doch jetzt ein wenig zur Ruhe. Gott will Sie trösten und Ihnen alle Sünde vergeben. Ich werde heute nacht in den Gesprächspausen für Sie beten. Morgen ist für Sie ein schwerer Tag, wenn das tote Baby geholt wird. Da brauchen Sie viel Kraft. Ich will all Ihren Schmerz und Kummer vor Gott bringen. Er möge Ihnen beistehen und Sie stärken. Darf ich noch ein Gebet für Sie sprechen?"

„Ja, bitte."

Ich befehle diese junge Mutter in ihrer tiefen Not und Verzweiflung Gott an. Seine Fürsorge ist groß. Ich danke meinem Herrn Christus, daß er für unsere Sünden die Strafe trug. Das ist frohe Botschaft, das ist Evangelium für leidende Menschen, die in ihrem Gewissen geplagt werden.

Nachdem ich dann den Hörer aufgelegt habe, beginnt für mich eine Gebetsnacht. Während der Funkstille falte ich meine Hände.

Und während ich diese Zeilen zu Papier bringe, werde ich daran erinnert, wie Frau Schmitz ungefähr drei Wochen später wieder anrief und mich zu einer Tasse Kaffee einlud. Sie wollte mir einfach danke sagen. Leider mußte ich ablehnen, da meine Zeit immer sehr knapp bemessen ist. Zudem wohnte sie außerhalb Marburgs, und ich besitze kein Auto.

Aber 14 Tage später war sie noch einmal am Telefon. „Frau Bormuth, würden Sie denn zu mir kommen, wenn ich meine Nachbarinnen und Bekannte zu mir einlade und Sie uns dann einen Vortrag über Kindererziehung halten? Ich backe auch herrliche Torten und leckeren Pflaumenkuchen. Es soll ein schöner Nachmittag werden."

Da konnte ich natürlich nicht nein sagen, sondern fuhr in dieses Dorf. Ich war überrascht, 15 oder 18 junge Mütter anzutreffen. Es wurde eine herzliche Begegnung mit diesen Frauen, und ich sprach zu dem Thema: Heilende und bewahrende Kräfte in der Erziehung. Jesus war als der liebste Gast in unserer Mitte.

Taxi gesucht

Über viele Jahre hinweg habe ich immer in der Silvesternacht Dienst bei der Telefonseelsorge gemacht. Das sind besonders aufregende Stunden. Wieviele rufen an, weil sie ein Taxi brauchen. Sie haben zuviel Alkohol bei ihren Festen getrunken und wollen nicht ins eigene Auto steigen. Das ist eine vernünftige Haltung. Die Nummer des Taxi-Unternehmens kann ich schon auswendig.

Eine verzweifelte Erbschleicherin

Oft gibt es auch Streit bei Erbauseinandersetzungen in den Familien.

In hellen Nöten ruft eine Frau in den Hörer: „Soeben habe ich von meinem Schwager erfahren, daß sich meine

Schwester auf dem Dachboden ihres Eigenheims erhängt hat. Ich bin schuld daran. In einem Abschiedsbrief, der auf dem Küchentisch gefunden wurde, schrieb meine Schwester, daß sie die Ungerechtigkeit nicht länger ertragen konnte und deshalb aus dem Leben scheiden wollte. Aber vielleicht erkläre ich Ihnen, was sich zwischen uns Geschwistern zugetragen hat. Vor drei Wochen ist unser alter Vater gestorben. Er war fast 90 geworden. Wir haben seine Sachen unter uns aufgeteilt. Meine jüngste Schwester erhielt den Fernseher und die Fotoausrüstung, mein Bruder die Möbel, und ich die Wäsche und das Porzellan. Außerdem bekam ich noch die große Standuhr zugesprochen. Soweit sind die Sachen ungefähr gerecht verteilt worden. Aber nun kommt das Dilemma. Mein Bruder und ich haben unserer jüngsten Schwester verschwiegen, daß wir im Kleiderschrank noch eine Geldkassette mit 75 000 DM entdeckt hatten. Wir gingen davon aus, daß unsere Schwester nichts davon wisse, denn sie wohnt weit weg in Hannover. Nun hatte aber die Zugehfrau meines Vaters, die ihm bis zuletzt die Wohnung geputzt hat, Kontakt zu unserer Schwester aufgenommen und ihr von dieser Kassette erzählt. Darüber hatte sich unsere Schwester so aufgeregt, daß sie die Ungerechtigkeit nicht meinte ertragen zu können. Sie fühlte sich gekränkt und übergangen, was ja auch stimmt. So hat sie in ihrer Verzweiflung zum Strick gegriffen.

Ich bin fertig, total fertig. Warum nur war ich so geldgierig? Wir hätten durch drei teilen müssen. Was soll ich bloß tun? Diese schwere Schuld nimmt mir fast die Luft zum Atmen. Meine Schwester ist tot, und ich kann sie nicht mehr ins Leben zurückholen. Am liebsten würde ich zu Tabletten greifen. Dieser Druck, diese Gewissensqual ist nicht auszuhalten."

Was konnte ich da tun? Meinen Vorschlag, ich würde ihr eine Mitarbeiterin schicken, die sie trösten könnte, wehrte sie ab. Aber dann fügte sie hinzu: „Meine Schwiegermutter ist eine fromme Frau. Wir wohnen zusammen unter einem

Dach. Ich werde zu ihr gehen und ihr alles sagen. Ich weiß, sie versteht mich."

Die Schuld vor Gott und die Schuld vor den Menschen ist die schwerste Hypothek, die wir zu tragen haben. Wer einen Erlöser hat, ist gut dran, ja, er ist zu beneiden.

Wer am Silvesterabend Bilanz zieht, muß immer mit einem Minus rechnen. Das weiß ich aus eigener schmerzlicher Erfahrung. Die Realität ist nicht immer gut zu verkraften. Mich macht es froh, daß ich in dieser Situation nie mit leeren Händen dastehen muß. Jesus ist in diese Welt gekommen, um Sünder zu retten. Ich darf vor meinem Herrn Sünder sein und mich in sein Erbarmen hüllen.

Ein Dank zur Jahreswende

Etwas zaghaft klang die Stimme am Telefon. „Bitte grüßen Sie alle Mitarbeiter in der Telefonseelsorge. Sagen Sie ihnen einen herzlichen Dank für all Ihren Einsatz und Ihre Hilfe. Wieviel Trost und Ermutigung habe ich durch Sie erfahren dürfen. Wenn es die Telefonseelsorge nicht gegeben hätte, wäre ich wahrscheinlich nicht mehr am Leben. Mein Mann ist Alkoholiker. Er isoliert mich von allen Freunden und Verwandten. Zu uns traut sich keiner mehr ins Haus. Wenn mein Mann betrunken ist, weiß er nicht, was er tut. Wie oft hat er mich schon bedroht und mich geschlagen. Einmal hat er mich die Treppe hinuntergeworfen. Zwei Rippen waren gebrochen und ein Vorderzahn ausgeschlagen. Als der Arzt mich fragte, was denn geschehen sei, habe ich gelogen: ‚Ach, Herr Doktor, ich bin nachts zur Toilette gegangen, hatte vergessen das Licht im Flur anzumachen, und dabei habe ich die Stufen verfehlt.' Ich konnte meinen Mann doch nicht vor einem Fremden bloßstellen!

Mehrmals schon wollte ich meinen Mann verlassen, aber dazu fehlt mir der Mut. Ich fürchte mich vor den Leuten im Dorf. Sie reden schon genug Negatives über uns. Es sieht ja auch trostlos bei uns aus. Von den Mauern fällt der Putz, die

Fenster müßten erneuert werden, durchs Dach tropft der Regen. Schon lange blühen keine Blumen mehr in unserem Garten. Oft weiß ich nicht aus noch ein. Ich bin so dankbar, daß es die Einrichtung der Telefonseelsorge gibt. Ich darf anonym bleiben, und doch meinen Kummer offen aussprechen. Gott segne Sie in Ihrem Dienst auch für das Neue Jahr!"

„Scherzanrufe"

Am meisten ärgere ich mich über die sogenannten Scherzanrufe. Obwohl ich doch schon 17 Jahre Mitarbeiterin bin, schrecke ich jedesmal zusammen, wenn das Telefon klingelt. Höre ich dann nur ein paar häßliche Worte, obszöne Sätze oder dreckige Witze, werde ich wütend. Aber wir sind gehalten, immer freundlich und sachlich zu reagieren.

In einer Nacht hatte ich das Pech, daß mich gleich sechs solcher Anrufe erschreckten. Als es zum siebten Mal läutete und eine Männerstimme sagte: „Ich erschieß mich jetzt!" war ich mit meiner Geduld am Ende. „Junger Mann, mit solchen Dingen scherzt man nicht! Hören Sie auf, solchen Blödsinn zu reden! Sie mißbrauchen die Telefonseelsorge!"

„Nein, nein, mir ist es ganz ernst. Ich wohne Berliner Ring 25 (der Straßenname ist geändert), und ich möchte Sie bitten, sich um meine Verlobte zu kümmern. Ich erschieß mich jetzt."

„Das werden Sie nicht tun! Das dürfen Sie auch nicht tun. Es wird sofort ein Mitarbeiter in Bewegung gesetzt, der Sie aufsucht. Sie brauchen einen Menschen, der Ihnen beisteht."

„Wie, jetzt mitten in der Nacht soll jemand hierherkommen? Wissen Sie überhaupt, wie spät es ist? Bei meiner Uhr steht der Zeiger auf 3 Uhr 47. Zu solch nächtlicher Stunde wird wohl niemand den Weg zu mir finden, es sei denn, Sie schicken mir die ‚Bullen' auf den Hals, und die will ich nicht sehen. Ich erschieß mich, und dann hat das ganze Elend ein Ende."

„Nein, das werden Sie nicht tun! Wir müssen miteinander reden. Ihr Leben ist sehr wertvoll."

Während ich mit ihm rede, wähle ich auf einem anderen Apparat einen Mitarbeiter an und gebe ihm folgende kurze Information. „Fahren Sie zum Berliner Ring 25. Dort ist ein Mann in Gefahr, Hand an sich zu legen!"

Und an meinen Verzweifelten gewandt, fordere ich ihn auf: „Bitte, sagen Sie mir, was ist denn eigentlich passiert, daß Sie so in Panik geraten sind. Es gibt sicher einen Ausweg. In einer Viertelstunde ist mein Mitarbeiter bei Ihnen. Aber jetzt erzählen Sie, was ist denn passiert?"

„Das kann ich Ihnen klipp und klar sagen. Ich war schon immer das schwarze Schaf in unserer Familie. Mein Vater ist Akademiker, und alle meine Brüder haben studiert. Nur ich bin so ein Versager. Mit Ach und Krach habe ich gerade die Mittelschule geschafft. Schon zweimal habe ich die Lehre abgebrochen. Als Bäcker bekam ich eine Hautallergie, und in der Ausbildung zum Kraftfahrzeugschlosser habe ich mich mit meinem Meister überworfen. Und nun war es mir gelungen, den Busführerschein zu erwerben. Meine Verlobte hat mit mir gelernt und mir geholfen durchzuhalten."

„Na, das ist doch eine tolle Leistung", ermutige ich ihn. „Mit Mühe und Not habe ich den normalen Führerschein geschafft, bin dann aber so schlecht gefahren, daß ich beinahe eine alte Scheune mitgenommen hätte. Mein Mann war so entsetzt, daß er mir riet, die Hände vom Steuer zu lassen. Seitdem liegt der Führerschein in der Schublade. Die 500 DM, die er mich damals gekostet hat, sind rausgeworfenes Geld gewesen. Ich bewundere Sie, daß Sie einen Bus lenken können."

„Sie haben mich in meinem Gespräch unterbrochen. Hören Sie doch erst mal hin, was mir passiert ist. Am Abend habe ich mit einigen Freunden den Erhalt des Führerscheins gefeiert. Bei der Heimfahrt geriet ich in eine normale Verkehrskontrolle. Weil ich Alkohol getrunken hatte, wurde mir der Busführerschein abgenommen. Nun stehe ich wieder vor dem Nichts. Wie soll ich dies meiner Verlobten und meiner Familie erklären? Ich bin ein Versager und bleibe ein Versager. Mir kann niemand mehr helfen. Unter meinen Händen mißrät alles. Ich bin verzweifelt und sehe keinen Ausweg mehr."

Und während der junge Mann mir dies erzählt, vernehme ich plötzlich ein Klingeln. „Bitte öffnen Sie die Tür. Ein Mitarbeiter ist gekommen. Er soll sich bei mir noch melden und dann das Gespräch mit Ihnen weiterführen."

„Ist das wirklich wahr?" staunt er.

„Ja, öffnen Sie schnell die Tür!"

Der Mitarbeiter der Telefonseelsorge war mit seiner Frau angekommen. „Frau Bormuth, ich spreche mit dem jungen Mann weiter. Sie können den Hörer jetzt auflegen."

Erleichtert atmete ich auf. Diese Nacht werde ich so schnell nicht mehr vergessen. Zwei Stunden blieb das Ehepaar bei diesem Lebensmüden, dann brachten sie ihn in die Nervenklinik. Er war nämlich so erregt und in einem so desolaten Zustand, daß er ärztliche Hilfe brauchte. Sie wurde ihm in der Klinik gewährt.

Das Scheitern ertragen

Es ist Silvesterabend und eine stürmische Nacht. Das Telefon klingelt, und als ich den Hörer abnehme, dringt Musik an mein Ohr. Eine ganze Weile höre ich nur Rock'n Roll, und ich vermute, daß sich jemand einen Scherz mit mir erlaubt. Aber da ich nicht ganz sicher bin, versuche ich den Anrufenden zum Sprechen zu bewegen: „So reden Sie doch! Kann ich etwas für Sie tun? Bitte melden Sie sich!" Erst nach einer gewissen Zeit werde ich durch Schluchzen aufgeschreckt. Bruchstückhaft dringen die Worte an mein Ohr: „Es hat doch alles keinen Zweck! Was soll das Leben noch? Ich steig jetzt aus, alles ist so sinnlos. Ich kann nicht mehr leben und will es auch nicht. Sterben will ich, nur noch sterben."

Ich vernehme die Verzweiflung einer jungen Frau. Hellwach achte ich auf jedes Wort. Wer ist mein Gegenüber? Kann ich die junge Dame von ihren Selbstmordabsichten wieder abbringen? Gelingt es mir, ein Stück Vertrauen aufzubauen? Was ich so nach und nach in abgerissenen Sätzen und Wortfetzen erfahre, läßt mein Herz bis zum Hals schlagen. Angst packt mich, als die Anruferin mir erzählt, sie habe vier verschiedene Schlafmittel genommen, und sie nennt mir auch die Namen der Medikamente. Von einer Sorte waren es gleich 50 Tabletten.

„Ruhig und sanft will ich hopsgehen, will einschlafen und nie mehr erwachen." Aber ihre Vorstellungen vom stillen, sanften Tod erfüllen sich nicht. Unruhe packt sie. „Nein, Sie dürfen nicht sterben, Ihre kleine Tochter braucht Sie. Was soll Jessika ohne Mutter machen?"

Aber die Lebensmüde ist schon so vom Willen zu sterben beherrscht, daß meine Einwände nicht fruchten.

„Bitte sagen Sie mir Ihren Namen und Ihre Adresse, Sie brauchen dringend Hilfe! Denken Sie doch an Ihre Kleine!" In meine Worte lege ich so viel Liebe und Wärme hinein, wie ich nur vermag. Ich flehe sie förmlich an, mir um ihres Töchterchens willen zu sagen, wo sie sich befindet. Ich möchte gerne helfen, und doch sind mir die Hände gebunden. Meine Worte verhallen im Leeren.

„Hops will ich gehen, still und sanft hopsgehen. Der Tod ist mein Freund. Jessika bekommt 60 000 DM. Die liegen für eine Ausbildung bereit; aber ich will sterben, hoffentlich bald, still und sanft."

Ich merke, wie ihre Worte immer leiser werden, fast kann ich sie nicht mehr verstehen. Das Gift zeigt seine Wirkung. Meine Angst steigert sich zur Qual. Jetzt schreie ich. so laut ich kann: „Ihren Namen brauche ich und Ihre Adresse, bitte!"

„Nein, meinen Namen sage ich nicht. Sie schicken mir doch nur die ‚Bullen' auf den Hals. Ich will hopsgehen."

Noch einmal brülle ich in den Hörer: „Ihre Adresse, bitte und Ihren Namen! Ich komme ganz allein zu Ihnen, das verspreche ich Ihnen!"

Ich kann sie fast nicht mehr verstehen. Ich empfinde die Macht der Finsternis und des Verderbens. Der Teufel ist ein Mörder von Anfang an.

„Bitte Ihren Namen!"

Und kaum vernehmlich höre ich: „Dann schwören Sie mir bei Gott, daß Sie allein kommen! Schwören Sie!"

„Ja, ich schwöre bei Gott!" antworte ich ihr. Was hätte ich auch anders tun sollen in dieser Lage? Und kaum verständlich höre ich: „Wittenberger Allee 39."

Jetzt handle ich in Sekundenschnelle. Ein Bekannter bringt mich in rascher Fahrt zu der Lebensmüden. Ich stehe vor der Tür und klingle. Aus der Wohnung dringt die gleiche Musik, die ich schon übers Telefon vernommen habe. Jetzt läute ich Sturm, aber keiner öffnet mir. Eine Treppe höher erlauben mir Hausbewohner zu telefonieren, nachdem ich mich als Mitarbeiterin der Telefonseelsorge bei ihnen ausgewiesen habe. Ich benachrichtige die Polizei, den Krankenwagen und den Schlüsseldienst. Minuten später heult die Sirene vor dem Haus. Die Tür wird aufgebrochen, und ich stehe im Dunkeln einer fremden Wohnung. Als ich Licht mache, bietet sich mir ein chaotisches Bild. Alles ist verwühlt und durcheinander. Eine Party muß hier stattgefunden haben. Salate, Gläser, Flaschen, Stühle stehen und liegen herum. Ich durchsuche ein Zimmer nach dem andern. Schließlich vernehme ich ein Geknurre und dann ein Stöhnen. Eng zusammengekauert liegt die Lebensmüde unter Decken und Kissen versteckt auf einer Couch. Den Telefonhörer hält sie noch in der Hand. Die Haare hängen der Frau wirr im Gesicht. Die Wirkung der Medikamente ist so stark, daß sie nicht mehr sprechen kann. Mühsam lallt sie etwas vor sich hin. Beim Anblick der Sanitäter und Polizisten, die gleich nach mir die Wohnung betreten haben, gerät sie in Panik. Sie zittert und bebt am ganzen Körper. Die Angst ist ihr ins Gesicht geschrieben. Ich hole einen

Mantel vom Haken, dann wird sie im Rettungswagen mit Blaulicht in die Klinik gebracht.

Wie tiefgreifend muß die Verzweiflung eines Menschen sein, daß er sogar sein Kind vergessen kann und nur noch sterben will!

Am nächsten Morgen rufe ich in der Klinik an und erfahre vom behandelnden Arzt, daß diese Mutter gerettet werden konnte. Zwei Tage später mache ich mich zu ihr auf den Weg, um sie in der Klinik zu besuchen. Ich stelle mich beim Pfleger als Mitarbeiterin der Telefonseelsorge vor. Als die junge Frau dies hört, schimpft sie los: „Was, diese Type besitzt noch die Frechheit, mich zu besuchen? Sie kann mir gestohlen bleiben, denn sie hat mich an die Bullen verraten. Ich will diese Type nie wieder sehen!"

Betrübt gehe ich mit den Blumen in der Hand und dem Neuen Testament in der Tasche die Treppe hinunter. Der Zugang zu dieser jungen Frau ist mir verwehrt. Aber ich hätte nicht anders handeln können, ich mußte die Polizei alarmieren. Mir bleibt aber das Gebet, und so nenne ich fast täglich ihren Namen vor Gott.

Drei Monate mögen vergangen sein, da gewinne ich neu Mut, sie anzurufen. „Ach, Sie sind die Frau, zu der ich so garstig war", scherzt sie ein wenig. Dann aber wird sie ernst. „Es tut mir aufrichtig leid, daß ich Sie beschimpft habe. Aber vielleicht können Sie sich in meine Situation ein wenig hineindenken. Ich hatte mit dem Leben abgeschlossen und durfte doch nicht sterben. Nach einem Selbstmordversuch ist alles schlimmer als vorher. Aber nun geht es mir wieder besser."

Wir führen ein längeres Gespräch miteinander, in dessen Verlauf ich sie zu einer christlichen Tagung einlade.

„Ja, ich komme, aber ich möchte nicht abgeholt werden."

Das sind die letzten Worte, die ich aus ihrem Mund vernehme. Ungefähr 14 Tage später schlage ich die Zeitung auf. Unter den Todesnachrichten lese ich: „Meine liebe Mami ist von mir gegangen. Jessika."

Ich bin starr vor Entsetzen. Erst nach einer Weile löst sich der Krampf. Die Tränen kullern über meine Wangen, und ich trauere um eine junge Mutter, der ich sehr nahe gekommen war. Mich quälen auch schreckliche Vorwürfe, und ich frage mich: Hätte ich diesen Selbstmord verhindern können? Wo habe ich versagt? Kann ich trotz dieses Scheiterns weiter Mitarbeiterin in der Telefonseelsorge sein? Zwei Tage bin ich wie gelähmt, zu keiner rechten Arbeit fähig.

Dann aber tröstet mich unser Leiter, ein Pfarrer: „Frau Bormuth, wir sind nicht Herren über das Leben von Menschen. Manchmal ist die Todessehnsucht so stark, daß sie trotz unserer Bemühungen Hand an sich legen. Wir können diese Verzweifelten nur der Gnade Gottes anbefehlen. Gott wird das letzte Urteil über sie sprechen, und es wird immer ein barmherziges Wort sein. Das ist unser Trost."

Durch diese ermutigenden Worte fand ich die Kraft, weiter im Dienst der Telefonseelsorge zu bleiben, um Menschen zu helfen.

„Nein, es soll nicht dunkel bleiben über denen, die in Angst sind."

Frau Pannige soll leben

Bewegten Herzens denke ich an diese Arztfrau. Eine Freundin hatte ihr meine Telefonnummer mit dem Hinweis gegeben, ich sei Beraterin für Selbstmordgefährdete in der Telefonseelsorge. Nun sprach sie mich an und klagte ihr Leid: „Ich bin so ärgerlich auf meinen Mann. Am Altar hat er mir die Treue geschworen, und nun muß ich erfahren, daß er mich mit einer Sprechstundenhilfe aus unserer Praxis betrügt. Das ist noch ein ganz junges Ding, wie kann mein Mann nur so etwas machen? Ich bin enttäuscht, maßlos enttäuscht. Warum tut er mir und den Kindern dies an? Wie habe ich mich für ihn eingesetzt, oft habe ich ihn nachts zu

Patienten gefahren und am Tag in der Praxis mitgeholfen. Am liebsten würde ich mir das Leben nehmen. Wir wohnen im Westerwald, und mein Mann ist mit seinem Wagen zu Patienten unterwegs. Er hat nämlich Sonntagsdienst. Ich hielt es in unserer Wohnung nicht mehr aus. Da habe ich mir genügend Tabletten aus dem Medikamentenschrank in die Tasche gepackt und bin losgefahren. Ob ich gegen einen Brückenpfeiler fahre oder die Pillen schlucke, das weiß ich noch nicht. Es ist mir zumute, als säße ich in einem tiefen Loch, und kein Strahl dringt in meine Dunkelheit. Alles ist so festgefahren und finster, ich sehe überhaupt keinen Ausweg mehr."

„Werfen Sie nur nicht das Leben weg! Sie dürfen noch hoffen! Um Ihrer lieben Kinder willen dürfen Sie nicht Hand an sich legen. Bitte kommen Sie doch zu mir! Wir müssen miteinander sprechen. Ich wohne in Marburg, Sperberweg 8."

„Ja gewiß, wenn ich an meine Tochter und an meinen Sohn denke, wird es mir schon schwer ums Herz, und mein Entschluß gerät ins Wanken. Übermorgen wird Michael zwei Jahre alt. Aber ich weiß nicht, ob ich das Leben packe."

Und plötzlich macht es ‚klick' in der Leitung, und der Hörer ist aufgelegt. Wird diese junge Mutter den Weg zu uns nach Marburg finden? Ich telefoniere mit der Presse. Es müßte doch herauszufinden sein, wer denn Sonntagsdienst in der betreffenden Region habe. Aber der Westerwald ist groß, und die Sekretärin kann mir keine Hoffnung machen, auf diesem Weg die Adresse ausfindig zu machen.

Aber ich lasse nicht locker und informiere die Polizei. Noch höre ich, wie der diensthabende Beamte stöhnt: „Na, mit diesen wenigen Angaben, die Sie machen, wird es wohl nicht gelingen, die Frau zu finden."

„Wir haben zwei feste Daten", unterbreche ich ihn. „Das ist der Sonntagsdienst des Mannes und der Geburtstag von Michael. Das müßte uns auf die Spur bringen. Leider hat sie mir ihren Namen und ihre Adresse nicht preisgegeben."

Binnen einer Stunde gelang es, das Autokennzeichen festzustellen, mit dem diese Mutter unterwegs war. Nun wurde sie bundesweit über Nachrichtensender gesucht. Am Nachmittag bekam ich noch mal einen gehörigen Schreck. Die Bundesbahn aus Bochum rief bei mir an und sagte: „Bei uns hat sich ein schrecklicher Unfall ereignet, oder vielleicht ist es sogar ein Selbstmord. Eine Frau ist im Rangierbahnhof überfahren worden. Könnte es sich etwa um die vermißte Frau aus dem Westerwald handeln, die gesucht wird?"

Darauf konnte ich ihm keine Antwort geben, denn ich hatte die junge Mutter nicht gesehen.

Erst am nächsten Morgen teilte mir die Polizei mit: „Wir haben die gesuchte Frau gefunden. Sie lag auf dem Rücksitz ihres Autos, das auf einem Holzabfuhrweg stand. Sie war schon bewußtlos, und wir haben sie schnellstens in die Klinik gebracht. Sie scheint, nach Auskunft der Ärzte, außer Gefahr zu sein."

An diesem Morgen dankte ich Gott für die Rettung.

Zwei Tage später besuchte ich sie in der Nervenklinik. Als ich mich ihr zu erkennen gab, fing sie an zu weinen. Ich nahm sie in den Arm und tröstete sie: „Weinen Sie nur, heute wollen wir nichts von all dem Geschehen berühren. Ich komme wieder, und dann können wir reden."

Alle zwei Tage schaute ich bei Frau Pannige herein. Nun kannte ich ja ihren Namen. Ich brachte ihr Blumen und ein Neues Testament. Mir war es ein Anliegen, sie mit Christus in Verbindung zu bringen. Ich wurde immer sehnlichst erwartet, und ich spürte ihre Zuneigung. Nach ungefähr drei Wochen konnte sie entlassen werden. Aber ich war enttäuscht, daß ich über einen längeren Zeitraum nichts von ihr hörte.

Und dann erreichte mich ein Anruf, den ich mein Leben lang nicht vergessen werde. Es war am Morgen des 24. Dezember. In meiner Küche war ich gerade beschäftigt, 120 Dauerwürste in Folie zu verpacken. Dies sollte das Geschenk für unsere Gäste am Heiligabend sein, denn wir feiern nun schon seit 25 Jahren die Christnacht mit Leuten, die einsam und allein, ohne ein Zuhause, ohne Familie sind: Gastarbeiter, Brüder der Landstraße, ausländische Studenten, psychisch Kranke, Alte und Behinderte.

Plötzlich läutet das Telefon. „Hier ist Frau Pannige (der Name wurde geändert). Erinnern Sie sich an mich, Frau Bormuth?

Ich habe mir dieses Gespräch extra für den Heiligen Abend aufgehoben. Ich wollte Ihnen mit dieser Nachricht eine Weihnachtsüberraschung machen. Ich wollte Ihnen sagen, daß ich durch das Lesen des Neuen Testaments Jesus Christus als meinen Herrn und Heiland kennengelernt habe. In einer lebendigen Gemeinde habe ich ein warmes Zuhause gefunden. Ich wünsche Ihnen noch frohe Festtage an der Krippe des Jesuskindes!"

Dies war das schönste Weihnachtsgeschenk, das ich je erhalten habe. Diese Nachricht gab mir viel Mut, zuversichtlich der Feier mit all unsern Gästen entgegen zu sehen. Christus ist geboren, sein Name heißt Jesus und bedeutet Retter. Noch heute geht er durch die Lande und führt Menschen aus der Finsternis ins helle Licht. „Es wird nicht dunkel bleiben über denen, die in Angst sind."

Die Suche des Menschen
nach dem Sinn des Lebens

Es gibt eine wunderschöne Geschichte des amerikanischen Schriftstellers und Nobelpreisträgers Ernest Hemingway, „Der alte Mann und das Meer." Mit diesem großartigen Werk moderner Erzählkunst wurde Hemingway weltberühmt. Er beschreibt sich selbst darin, sein Ringen um Anerkennung, Erfolg und Ansehen. Es ist seine Geschichte, sein Leben. Er will etwas Großes vollbringen, strebt Sicherheit und Wohlstand an und muß am Ende seiner Tage einsehen, daß ihm vieles unter den Händen zerrinnt. Es ist die Geschichte eines Mannes, der zugeben muß: Ich bin gescheitert.

Diese Geschichte beginnt mit dem Satz: „Es war ein alter Mann, der allein in einem kleinen Boot im Golfstrom fischte, und er war jetzt 84 Tage hintereinander hinausgefahren, ohne einen Fisch zu fangen." In diesen wenigen Worten wird schon die schreckliche Tragik angekündigt. Da ist ein Mensch, der nur von dem einen Gedanken beseelt ist: Ich will etwas Gewaltiges vollbringen. Ich will einen Fang an Land bringen, um den mich die Leute beneiden sollen. Einmal, nur einmal möge mir das Glück hold sein und mir Erfolg bescheiden. Ich möchte so gerne ein Prachtstück von einem Fisch an Land ziehen und es dann stolz allen anderen Fischern zeigen. Sie würden es ansehen und staunen. Wie ein Lauffeuer würde sich die Nachricht von Mund zu Mund ausbreiten: Hast du schon gehört, der Alte hat ein Ungeheuer von einem Fisch an der Angel. Komm, und schau es dir einmal an! Anderthalb Zentner ist die Beute schwer. Schon von jeher hat dieser alte Fischer davon geträumt, daß ihm ein solcher Fang gelingen möchte. Dafür hat er sich abgerackert, abgeschuftet, geschunden. Alt ist er darüber geworden. An seinem Leibe kann man die Wunden und die Striemen sehen, die ihm im Ringen um einen glücklichen Fang zugefügt wurden. Er hat Wind und Wetter getrotzt und ist fast darüber zugrunde gegangen. Hager und dünn, mit tiefen Falten im Nacken geht er seiner gefährlichen Arbeit nach. Noch immer rechnet er mit der Hoffnung: Einmal werde ich es schaffen! Aber der alte Fischer kam immer mit seinem Boot leer zurück.

Und dann geschah dieses Wunder. Im Morgengrauen hatte ein Riesenfisch angebissen. Der Alte mußte alle Kräfte einsetzen, um das Ungetüm an Land zu bringen. „Fisch", sagte er leise und doch vernehmlich, „ich bleibe bei dir, bis ich tot bin, und ich nehme an, daß du auch bei mir bleiben wirst."

Ob wohl in dieser Äußerung schon die Angst mitsprach, daß ihm sein Tun mißlingen könnte? Der Alte wartete, daß es hell werde und die Sonne am Horizont aufginge. Erst dann konnte er mit seiner Arbeit beginnen. Allein, ganz allein saß der Fischer im Boot, und es erhob sich ein Kampf zwischen Mensch und Tier, wie er ihn bis dahin noch nie gekannt hatte. Der Fisch spürte den Haken in seinem Schlund, wehrte sich, wollte der Todesleine entfliehen, aber es war schon zu spät. Er war gefangen.

„Koste es, was es wolle, von diesem Widerhaken kommst du mir nicht los!" sagte der Alte. „Der Himmel helfe mir, ich muß diesen herrlichen, einmaligen Fang ans Ufer bringen."

Heftig setzte der Fisch mit seiner Gegenwehr ein. Er kämpfte gegen das aufbrausende Meer und den scheußlichen Widerhaken an. Rot färbten sich die Wellen vom Blut des Tieres. Plötzlich aber schreckte der Alte auf. Durch das frische Blut angelockt näherten sich die Haie in ganzen Rudeln und wollten ihm die Beute abspenstig machen, die er schon sicher zu haben glaubte. In schnellen Bewegungen kreisten die gierigen Haie um das kleine Boot. Erst war es nur ein Hai, dann aber wurden es immer mehr.

Ein zähes Ringen setzte ein. Der Alte wollte um keinen Preis seinen Fang aufgeben. Darüber aber geriet er selbst in Todesgefahr. Er hoffte, betete, rackerte sich ab, um sein gestecktes Ziel zu erreichen. „Ich will mit meiner Beute ans Ufer gelangen! Ich will es schaffen!" sprach er sich selbst Mut zu. Aber seine Lage war verzweifelt böse. Die Raubfische ließen sich nicht verjagen, so sehr er auch auf sie einschlug.

Schon sah er den Widerschein von den Lichtern der Stadt. Er steuerte zielstrebig auf sie zu. Bald habe ich es geschafft, dachte er voller Hoffnung. Aber bestand nicht die Gefahr, daß die Haie ihn erneut anfielen und sich wie wilde Bestien gebärdeten? Würde er ihnen widerstehen können?

Er war ganz steif und wund, und seine zerschundenen Stellen schmerzten in der Kälte der Nacht. Im stillen sagte er sich: Hoffentlich brauche ich nicht noch einmal zu kämpfen! Aber die Raubfische kamen wieder, und um Mitternacht gab er sich geschlagen. Die Haie ließen sich nicht mehr abwehren. Sie stürzten sich auf seinen Fisch. Er schlug mit Keulen auf ihre Köpfe und hörte ihre Kiefer zuhacken. Tief bissen sie sich in seinen Fisch ein und gaben nicht eher Ruhe, bis sie riesige Fleischstücke losgerissen hatten. Als nichts mehr an seinem Fisch dran war, zog auch der letzte Hai ab. Es gab nun nichts mehr für ihn zu fressen.

Fassungslos saß der Fischer in seinem Boot. Er spuckte in den Ozean und sagte leise vor sich hin: „Freßt euch satt, ihr Räuber, und denkt daran, daß ihr einen Mann getötet habt!"

Mit letzter Kraft kam der Alte am Ufer an. Statt eines großartigen Fanges baumelte nur noch ein Gerippe von Fisch an seiner Leine. Alles war ihm unter seinen Händen entglitten. Ein scheußliches, kahlgefressenes Skelett machte ihm die Sinnlosigkeit seines Tuns bewußt. Resigniert sagte er zu sich selbst: „Du bist müde, alter Freund, du bist zu weit hinausgefahren und bist gescheitert." Er blieb einen Augenblick am Boot stehen und schaute zurück. Er sah in der Spiegelung der Straßenlaterne den großen Schwanz des Fisches hoch über das Heck des Bootes ragen. Er sah die nackte, weiße Linie seines Rückgrats und die dunkle Masse des Kopfes mit dem hervorstehenden Schlund und all die Nacktheit dazwischen.

Mit dieser Schilderung bin ich schon mitten in meinem Thema: Die Suche des Menschen nach dem Sinn des Lebens und seine vielen vergeblichen Anstrengungen, diesen Sinn zu erfahren.

Auch ein so bedeutender, kluger, befähigter Schriftsteller wie Ernest Hemingway hat den Sinn seines Lebens nicht finden können. Er wollte Großes vollbringen, ist aber, um es mit seinen eigenen Worten zu sagen, „zu weit hinausgefahren". Im eigenen Bemühen, die Sinnfrage für sein Leben zu klären, hat er in der falschen Richtung gesucht. So konnte er keinen Halt für sein Leben finden, so sehr er sich auch anstrengte. Schließlich sah er sein Scheitern vor Augen und ist dann in eine tiefe Depression gestürzt, die ihn dann in den Selbstmord trieb.

In der Frühe des 2. Juli 1961 ging er in seinem Jagdhaus in die untere Etage — seine Frau schlief noch — holte sich sein Lieblingsgewehr, eine mit Silber eingelegte, speziell für ihn angefertigte Jagdflinte, aus dem Ständer, steckte die Läufe in den Mund und drückte beide Abzüge ab. Die Explosion riß ihm fast den Kopf ab.

Es ist tragisch, daß ein solch hervorragender Schriftsteller auf diese schreckliche Weise frühzeitig aus dem Leben schied. Was hätte er noch Herausragendes leisten können! Mich hat die Erzählung „Der alte Mann und das Meer" sehr bewegt und nachdenklich gemacht. Ist Hemingways Geschichte nicht die Lebenserfahrung vieler Menschen? Vielleicht auch unsere Geschichte? Sind wir nicht alle auf der Suche nach Glück, Lebenserfüllung, Freude, Gewinn, Macht, Anerkennung, Ruhm? Wo finden wir das sichere, tragfähige Fundament, auf dem wir stehen können? Was ist der wahre Sinn des Lebens, und wo kann ich ihn entdekken? Dieser Frage sollten wir nachgehen.

Bei diesen Überlegungen klang mir sofort das Wort Jesu in den Ohren: „Was hülfe es dem Menschen, wenn er die ganze Welt gewönne und nähme doch Schaden an seiner Seele?" (Matth. 16, 26)

Wie vielen Menschen unserer Zeit ist der Sinn des Lebens verlorengegangen. Sie resignieren und fragen erst gar nicht danach. Die Bedeutung des Sinns wird verdrängt. Im Kampf um die Existenz nehmen scheinbar wichtigere Fragen den ersten Platz ein. Aber geht es solchen Menschen nicht auch so wie dem alten Fischer, dem dann letztlich nur ein kahlgefressenes Gerippe übrig blieb?

Bei meiner Arbeit in der Telefonseelsorge, wo ich mich insbesondere um Schwermütige und Selbstmordgefährdete bemühe, erfahre ich es immer wieder, daß Menschen sehr schnell sagen: Ich sehe keinen Sinn mehr in meinem Dasein. Am besten ist es, ich steige aus diesem Leben aus. Wozu sich abquälen und abplagen?

Wir haben zur Zeit in den alten und neuen Bundesländern jedes Jahr 20.000 Selbstmordtote. Die Zahl der Selbstmordversuche beläuft sich auf ungefähr 250.000. Das bedeutet, daß wir jährlich mehr Selbstmordtote als Unfallopfer haben. Allein 2.000 Kinder nehmen sich jedes Jahr das Leben. Das sollte uns zu denken geben.

Für viele Menschen hat das Leben seine Anziehungskraft, seinen Reiz, seinen Wert verloren. Dabei ist das Leben das höchste Gut, mit dem wir von unserem Gott beschenkt werden. Diese einmalige Gabe ist zugleich mit einer Aufgabe verbunden. Wir sollen diese Welt bauen und bewahren. Was aber legt sich wie eine dunkle Wolke auf das Gemüt vieler Menschen? Liegt es vielleicht daran, daß der Kontakt des Schöpfers zum Geschöpf verlorengegangen ist? Viele Menschen fühlen sich wie in ein Nichts gestoßen, sie wollen nicht weiterleben und klagen: Warum muß ich mich durch meine Tage mühen, wo ich dieses Leben nie selbst gewählt habe? Ich muß diese Zeit auf der Erde durchhalten, und keiner hat mich je danach gefragt, ob ich überhaupt leben wollte?

Sie haben richtig erkannt: Sie sind zu weit hinausgefahren, und die Beziehung zum Ursprung ihres Daseins ist nie aufgebaut worden. So irren sie in dieser Welt umher und haben nirgends ein Zuhause.

An dieser Stelle setzt Gottes Rettungsaktion ein. Vom Himmel her hört er das Schreien, die Klage der Menschen, und hat sein Ohr nicht abgewandt. Seine Augen sehen auf die, die sich leichtfertig über die Grenze hinausgewagt haben, und er leidet mit ihnen. Er sinnt nach einem Ausweg. Jesus Christus, seinen eigenen Sohn, reißt er sich vom Herzen und sendet ihn als Retter und Heiland in diese Welt. Er kommt denen, die zu weit hinausgefahren sind, schon entgegen, indem er ihnen Sinn, Hoffnung und Heimat gibt. „Suchet mich, so werdet ihr leben!" ruft Gott uns zu. In Jesus Christus ist es möglich, die Verbindung zu Gott zu knüpfen. Christus hat am Kreuz sein Leben geopfert, damit er uns mit dem Vater im Himmel wieder versöhnte. So gelangen wir an das Ziel unseres Daseins, wenn wir wieder den Vater erkennen. Wir sind nach dem Plan des Schöpfers nicht nur auf diese Zeit hin angelegt, sondern für die Ewigkeit. Deshalb bleibt auch unser Sehnen solange ungestillt, bis in der Begegnung mit Christus die Ewigkeit in unser Leben kommt. Dann erst bricht die Freude an. Wie ein Kind kann ich zu Gott beten: „Lieber Vater im Himmel! Ich muß dir bekennen, daß ich mich von dir gelöst habe. Ich bin zu weit hinausgefahren, um mir meine Wünsche und Sehnsüchte zu erfüllen. Ich habe dich und deine Gebote dabei außer acht gelassen und bin vor dir schuldig geworden. In meinem Streben um Anerkennung, Macht, Geld und Selbstverwirklichung warst du mir im Weg. Verzeih mir bitte alle meine Irrwege! Durch das Opfer deines Sohnes am Kreuz laß mich mit dir wieder versöhnt sein. Vergib mir alle meine Sünden. Von jetzt an will ich mit dir leben. Hab Dank, Vater im Himmel, daß dies möglich ist. Amen!"

Wer so neu beten lernt, muß nicht verzweifeln. Er findet beim Vater im Himmel ein neues Zuhause.

Ich will zwei Beispiele folgen lassen, wie Menschen diesen inneren Halt gefunden haben. Zunächst will ich von einer jungen Mutter erzählen. Die Einsamkeit ist das Problem in ihrem Dasein. Ich lasse sie selbst zu Wort kommen: „Vor zwei Jahren gab es in unserer Ehe viel Streit um unsere hohen Autoschulden, um die zänkische Schwiegermutter, um die „nette" Kollegin, mit der mein Mann öfter mal ein Wochenende verbrachte. Als ich ihm deshalb Vorwürfe machte, verließ mein Mann die Familie und mietete sich ein Appartement. Eines Tages reichte er die Scheidung ein. Nun stehe ich vor einem Berg von Scherben und weiß nicht, wie ich sie beseitigen soll. Das Geld reicht hinten und vorne nicht. Das neugebaute Haus muß wohl verkauft werden, denn die Bank hat da ihre eigenen Methoden. Aber was wird mit mir und den Kindern? In Marburg ist die Wohnungsnot riesengroß. Muß ich dann auf der Straße bleiben? Auf die Dauer halte ich das Alleinsein nicht durch. Wenn ich abends im Bett liege, reicht keine Hand zu mir herüber und streicht mir übers Haar. Kein Mund küßt meine Lippen. Kein liebendes Wort dringt an mein Ohr. Mich verlangt nach Zärtlichkeit, ohne sie kann ich nicht existieren. Ich bin eine Frau, und ich brauche Zuwendung und Liebe. Ich habe nun einen Partner gefunden, der mir auch gefallen könnte. Er würde mich auch heiraten, aber für meine beiden Kinder will er keine Verantwortung übernehmen. Das sei ihm zu riskant. Ich habe schon überlegt, ob ich meine Töchter nicht zu meiner Mutter gebe, daß sie sie großzieht, aber so ganz wohl ist mir nicht bei dieser Sache. Ich liebe meine Kinder, und der Gedanke, sie um meines Partners willen aufzugeben, bereitet mir Not. So werde ich wohl allein weiterleben müssen. Mir bleibt nur das Weinen und die Sehnsucht, aus dieser Enge und Einsamkeit zu entschwinden. Oft werde ich von schwermütigen Gedanken und schrecklichen Zweifeln geplagt, daß ich mir schon gerne das Leben nehmen möchte. Ich wüßte auch, wie ich es mache. Ich nehme Anja und Elisabeth ins Auto, trete aufs Gas und rase los. Irgendwo würde ich an einem Brückenpfeiler oder an einer Mauer zerschellen. Das sähe dann wie ein Unfall aus, und in der Todesanzeige stünde zu lesen: Durch ein tragisches Geschick verloren wir unsere liebe Tochter und Enkelkinder."

Was hätte ich dieser alleinerziehenden Mutter sagen sollen? Ihr Kummer und Leid sind groß. Oft ist es den Bedrückten schon eine kleine Erleichterung, wenn sie sich die Not von der Seele reden können und ihre Klage auf ein hörbereites Ohr und ein mitfühlendes Herz stößt. Bei dieser Mutter stellte ich zunächst die Kinder in ihr Blickfeld. Ein Partner, der nicht die Kraft aufbringt, auch die Töchter in seine Liebesbeziehung einzubinden, ist nicht der rechte Ehemann.

Aber ich will nicht verschweigen, daß ich mir bei diesem Gespräch ohnmächtig und hilflos vorkam. Ich empfand ihren Schmerz in der eigenen Seele. So betete ich: „Herr Gott, schaffe du bei dieser Mutter neuen Lebensmut. Lenke das Denken und Trachten dieser Mutter zu dir!"

Nur von Gott könnte der Trost und die Hilfe kommen. „Suchet mich, so werdet ihr leben!" sagt Gott. Lebensmut kommt nicht aus dem Wohlstand, nicht aus dem Reichtum, nicht aus dem Lusterlebnis, nicht aus einem flüchtigen Glücksempfinden. Alle diese Dinge sind zwar schön und erfreuen einen Menschen kurzweilig, aber sie dringen nicht in die Tiefe und halten den Belastungen und Herausforderungen, die das Leben an uns stellt, nicht stand. „Suchet mich!" darin liegt die Hilfe. Das Geschöpf braucht wieder den Kontakt zu seinem Schöpfer, nur so findet es Sinnerfüllung. In der Liebe, wie sie nur Gott geben kann, werden wir heil und sind geborgen. Wir sind auch nicht nur auf das Erdenleben hin angelegt, sondern auf Dauerhaftigkeit, auf Ewigkeit.

Schon Friedrich Nietzsche, der atheistische Philosoph, kann in einem Gedicht sagen: „Alle Lust will Ewigkeit!" Nietzsche mußte scheitern, weil die Lust eben nicht alle

Sehnsüchte des Menschen befriedigen kann. Wir brauchen die Berührung mit dem Göttlichen, wenn unser tiefstes Sehnen zur Ruhe kommen soll.

In Jesus Christus ist uns diese göttliche Berührung geschenkt worden, denn er ist der Gottessohn. Er kam in diese Welt, damit wir leben, ewig leben können. Wer seinen Willen diesem göttlichen Willen unterordnet, wer eine enge Verbindung mit ihm knüpft, ist nicht allen Schwierigkeiten enthoben. Nein, er leidet noch in dieser Welt an Krankheit, an Unfall, ja am Sterben. Ihn trifft eine Verleumdung oder eine seelische Verletzung genau so hart wie jeden andern. Die Arbeitslosigkeit und Wohnungsnot machen ihm zu schaffen. Aber er hat einen Berater zur Seite, der seine Lasten auf seine göttlichen Schultern packt, und so verliert er nicht den Mut. Eine solche Erfahrung macht einen Menschen tapfer, die Bedrängnisse anzunehmen. Mitten in seiner Angst erfährt er die Tröstung Christi.

Dietrich Bonhoeffer, der zu den Widerstandskämpfern im Dritten Reich gehörte, hat ein wunderbares Gedicht geschrieben, wie er mitten in der Anfechtung den Frieden Gottes erlebte:

> *„Von guten Mächten wunderbar geborgen*
> *erwarten wir getrost, was kommen mag.*
> *Gott ist mit uns am Abend und am Morgen*
> *und ganz gewiß an jedem neuen Tag."*

Wie eine Frau des Neuen Testaments den tiefen Sinn ihres Daseins fand, davon will ich im Folgenden erzählen. Die Geschichte von der Sünderin gehört für mich zu den schönsten und bedeutungsvollsten in der Bibel. Immer, wenn ich sie lese, bin ich bewegt. Jesus wird in das Haus eines Pharisäers eingeladen und sitzt mit ihm zu Tisch. Ein herrliches Festmahl ist gerichtet, und es herrscht eine frohe Stimmung. Alle sind bester Laune. Plötzlich aber entsteht Un-

ruhe unter den vornehmen Gästen. Eine etwas herunterge-
kommene Frau betritt den Raum. Sie gehört zu den Außen-
seitern der Gesellschaft, zu den Abgeschriebenen, um die
jeder einen weiten Bogen macht, denn sie ist stadtbekannt
und eine Dirne. Wie leer, wie ausgebrannt muß sich ein
Mensch fühlen, wenn er von jedem gemieden wird. Nun
hat diese „Sünderin", wie sie genannt wird, von Jesus, dem
Gottessohn, gehört. Sie begreift: Wenn mir einer in meinem
Elend helfen kann, dann ist er es, denn er schenkt den Blin-
den das Augenlicht, Besessene werden frei, Lahme können
wieder gehen und Aussätzige werden rein. Durch sein voll-
mächtiges Wort bewirkt dieser Jesus von Nazareth Heilung. Schuldigen spricht er die Vergebung zu.

Mit aller Macht zieht es diese Frau zu Jesus hin. Von seiner selbstlosen Liebe ist sie überwältigt. Seine Augen
schauen sie freundlich und ohne Begehren an. Sofort ist ihr
bewußt: Jesus und ich, wir passen nicht zusammen, und
doch steht er zu mir. Bitterlich fängt diese Frau zu weinen
an. Ihre Tränen rinnen über Jesu Füße. Sie trocknet sie mit
ihrem langen Haar, küßt seine Füße und salbt sie mit teu-
rem Öl.

Alle in der Festrunde sind empört. Was will diese herun-
tergekommene Hure unter unserem Dach? Sie stört die
Harmonie unseres Festes. Was hat eine Prostituierte unter
den oberen Zehntausend zu suchen? Ja, der Pharisäer mur-
melt vor sich hin: „Wenn dieser Jesus wirklich ein Prophet
wäre, dann wüßte er, was dies für eine nichtswürdige Krea-
tur ist. Er gäbe sich nicht mit ihr ab. Der Gottessohn und
eine ‚Sünderin' sind wie Feuer und Wasser."

Jesus empfindet das geheime Unbehagen und den stillen
Vorwurf seines Gastgebers. Er weist auf diese Frau und
redet den Pharisäer an: „Simon, siehst du diese Frau? Ich
bin in dein Haus gekommen, aber du hast mir kein Wasser
gegeben, in dem ich mir meine Füße hätte waschen können.
Diese „Sünderin" hat mir mit ihren Tränen die Füße genetzt
und sie mit ihren Haaren getrocknet. Du hast mir keinen
Kuß gegeben, aber diese Frau hat mir die Füße geküßt. Du

hast mein Haupt nicht mit Öl gesalbt, aber sie hat mir mit einer kostbaren Narde meine Füße gesalbt. Ihr sind viele Sünden vergeben, denn sie hat viel geliebt."

Die Gäste an der Festtafel sind betroffen. Sie fragen: „Wer ist dieser Jesus, der Sünden vergibt?"

Dann aber wendet sich Jesus noch einmal dieser Frau zu und sagt ihr diese wunderbaren, befreienden Worte: „Dein Glaube hat dir geholfen, gehe hin in Frieden!"

Dies ist die unglaublichste Geschichte der Liebe, die ich je gehört habe. Der Heiland der Welt verbindet sich mit einer Frau, die sich im Leben zu weit hinausgewagt hat und dabei gescheitert ist, reißt sie aus ihrem Elend heraus und gibt ihrem Dasein einen neuen Sinn. Fortan darf sie ausgesöhnt mit Gott leben und Frieden haben. Christus ist der neue Inhalt ihres Lebens. Seine Liebe ist nicht auszuloten. Immer wenn man von seinen Taten erzählt, gewinnt man den Eindruck, das Wichtigste sei noch gar nicht gesagt. Ich kann ein ganzes Leben damit zubringen, dieser Liebe auf der Spur zu bleiben und werde immer neue Entdeckungen machen. So wird ein Leben reich, spannend, sinnerfüllt.

Das wird auch im Dasein und Wirken von Friedrich Bodelschwingh deutlich. Er ist ja als Vater von Bethel bekannt geworden, mit seinem Namen verbindet sich die große diakonische Einrichtung bei Bielefeld. Vater Bodelschwingh sah das Elend der Epileptiker, der geistig Behinderten, der Tippelbrüder und nahm sich ihrer an. Er bot ihnen dort Pflege, Fürsorge, Heilungschancen und Heimat. Nur skizzenhaft will ich einige markante Erfahrungen im Wirkungsbereich dieses Mannes aufzeigen. Jedes Wirken für Gott hat eine Vorgeschichte, und darauf will ich näher eingehen. Es war Weihnachten 1868. Im Pfarrhaus zu Dellwig wurde die Geburt Christi gefeiert. Als sich die Tür zum Weihnachtszimmer öffnete, strahlten die Augen der vier Bodelschwingh-Kinder. Karl, das Jüngste, lag noch in den Armen der Mutter. Elisabeth war vier Jahre, Friedrich zwei Jahre und Ernst, der Älteste, hatte das fünfte Lebensjahr erreicht. Er war noch in Paris geboren worden, wo sich

Pastor Bodelschwingh zuvor um die seelsorgerliche Betreuung der deutschen Bevölkerung kümmerte. Die Kinder waren in dieser jungen Ehe das ganze Glück. In einer gesunden Ehe ist dies ja auch normal. Weihnachten mit den herrlichen Geschenken, Süßigkeiten und frohen Liedern bedeutete den Höhepunkt des Jahres. Ernst spielte versonnen mit seinem Holzpferdchen und war stiller als gewöhnlich. Das fiel der Mutter sofort auf. Ob dies mit seinem Husten zusammenhing, der ihn seit geraumer Zeit quälte? Er wollte und wollte nicht weichen, und der Junge litt darunter. Voller Angst und Unruhe beobachtete die Pastorenfrau das Kind. In den folgenden Tagen verschlimmerte sich die Erkältung. Jeder Hustenanfall war mit Atemnot verbunden. Der Junge drohte dabei zu ersticken. Schmal und blaß war das Kind geworden, und seine Kräfte ließen merklich nach. Als der Arzt mit seinem Pferdewagen angefahren kam und das Kind untersuchte, machte er ein sorgenvolles Gesicht. Er zog die Stirn in Falten und sagte ohne Umschweife: „Es steht nicht gut um Ihren Sohn. Der Junge leidet an bösartigem Stickhusten. Hoffentlich hat er nicht schon seine Geschwister angesteckt." Und schon bald fingen die anderen drei auch mit Husten an. Bei Ernst kam noch eine Lungenentzündung hinzu, und schon nach wenigen Tagen wurde der Fünfjährige vom Tod hinweggerafft.

Innerhalb von 13 Tagen folgten die drei Geschwister dem Bruder in die Ewigkeit nach. In dieser Zeit stand der Pastor mit seiner Frau viermal auf dem Friedhof und bettete seine über alles geliebten Kinder in die kalte, frostige Erde. Mit einem Schlag war diese wunderschöne Familie zerstört worden. Das Pfarrhaus war im wahrsten Sinne des Wortes ausgestorben. Friedrich von Bodelschwingh war 38 Jahre, seine Frau 35 Jahre alt, als sie so schwer von Gott heimgesucht wurden. Der Schmerz bedrückte die junge Mutter so sehr, daß sich ihr Haar weiß färbte und dann auszufallen begann. Daraufhin mußte sie ständig eine Haube tragen. Ihre Hände waren zittrig, und das Schreiben wollte ihr nicht gut gelingen. Angst packte den Familienvater. Würde seine Frau an diesem unsäglichen Leid zerbrechen? Er bangte auch um seine eigene seelische Kraft, denn er empfand den Tod seiner vier Kinder als Gericht und nicht als bloße Heimsuchung.

Wo war er schuldig geworden? Warum strafte ihn Gott so sehr? Es war ihm, als würde ihm der Boden unter den Füßen weggezogen, und er sah keinen Sinn mehr in seinem Leben. Alles war so schrecklich grausam und leer geworden. Sein Hadern mit Gott war verständlich.

Aber Friedrich von Bodelschwingh hat nicht nur in seiner eigenen Familie unsagbares Leid erfahren. Als er zwölf Jahre alt war, hatte ihn sein Hauslehrer nach Berlin mitgenommen. Dort sah er das Elend in den Arbeitervierteln. Er konnte es nicht fassen, daß es so viel Traurigkeit und Kummer gab. Die Kinder dort in Berlin litten Hunger und Durst, da der Verdienst ihrer Väter nie ausreichte, um die große Familie zu versorgen. Sie wuchsen in Hinterhöfen auf, wo sich selbst der Sonnenstrahl das Genick brechen mußte, wenn er durch das Fenster wollte. Die entsetzliche Armut hatte seine Augen für die Not der Menschen geöffnet. Zum geringen Verdienst der Väter kam dann noch oft Trunksucht, und diese raubte den letzten Heller. Im Herd ging das Feuer aus, weil die Kohlen nicht reichten. In den Wohnungen war es grausig kalt. Die Kinder hüllten sich in Lumpen und alte Decken. Die Teller auf dem Tisch blieben meist leer, und so suchten die Kleinen wie Bettler etwas Eßbares im Müll der Reichen. Dieser Eindruck des Elends wurde noch verstärkt, als er nach Hause kam und in dem Saal der Eltern eine reichgedeckte Tafel vorfand. Wie dicht lagen Elend und Reichtum beieinander. Der junge von Bodelschwingh konnte sich seiner Tränen nicht erwehren, und seine Mutter hatte Mühe ihn zu beruhigen.

Aber diese Unruhe blieb ihm, und immer wenn er mit dem Leid in Berührung kam, gab es ihm einen Stich ins Herz. Später waren es die Landarbeiter, die in verkommenen Katen hausten. Während seiner Ausbildung lernte er sie kennen. Diesen schrecklichen Anblick hat er nie wieder vergessen können. Einmal betrat er eine solch schäbige Wohnung. Auf einem schmutzigen Lager entdeckte er eine noch junge Mutter. Sie mußte schon mehrere Tage tot sein. Entsetzt wich er zurück, als sich unter der Decke irgend etwas bewegte. Ein Kinderkopf schaute aus den Lumpen heraus, dann noch einer. Die beiden noch kleinen Kinder hatten in der Kälte Schutz bei der Mutter gesucht und ahnten nicht, daß sie gestorben war. Dieses schaurige Erlebnis hatte ihn zutiefst gepackt. In seiner Seelennot ging er zu einem schlichten, frommen Mann, zum Posthalter Mellin. In seinem Hinterstübchen lag immer die aufgeschlagene Bibel auf dem Tisch. Dieser gläubige Posthalter nahm sich des jungen Mannes an. Er erkannte, daß Gott bei ihm am Werk war. Er las mit ihm die Bibel und tröstete seine verletzte Seele. Dort in dem einfachen, schlichten Zimmer schlug für Friedrich von Bodelschwingh die Stunde, seine Gottesstunde, und er wurde bereit, sein Leben für Gott einzusetzen. Hier entdeckte er den Sinn seines Lebens. Er wußte: Ich muß mich um die Armen, Elenden, Kranken, Heimatlosen, Bedrückten kümmern. Noch lag der Plan seines Lebens im Dunklen, doch er war sich darüber im klaren, daß Gott ihn den rechten Weg führen würde. Erst viel später erfuhr er seine Berufung. Bethel, die Stadt der Kranken, wurde zu seiner Lebensaufgabe. Er war der Gründer dieses diakonischen Werkes und drückte ihm den Stempel der Liebe auf.

Der Mensch entdeckt dort die rechte Sinnerfüllung, wo er nicht für sich selbst leben will, sondern sich für andere hingibt. Liebe verlangt auch immer Opfer. Pastor von Bodelschwingh hat dieses Opfer gebracht. Es wird von ihm berichtet, daß er, obwohl er ein vielbeschäftigter Mann war, sich Zeit nahm, um bei einem geistig behinderten Kind zu sitzen und seine Hand zu halten. Er empfand tiefes Glück, wenn er ein sanftes, zartes Lächeln über das Gesichtchen huschen sah.

Martin Luther hat einen bemerkenswerten Ausspruch verfaßt: „Einen traurigen, verzagten Menschen trösten, ist mehr als ein Königreich erobern." Vater Bodelschwingh hat ein Königreich für seinen Herrn Christus geschaffen, dessen Auswirkungen heute noch zu sehen sind.

Ein bedeutsamer Brief

Hermannsburg, den 17. 10.

Liebe Eltern!

Mit diesem Brief wollte ich Euch von Herzen für
alle Gebete, für alles Sorgen und für Eure Liebe, die
ich trotz der Entfernung empfinde, danken. Gott
hat Eure Gebete wunderbar erhört. Bisher bin ich
vor Schaden bewahrt geblieben. Letzte Woche
erlitt ich beim Fußball einen kräftigen Schlag ans
Knie, mußte zum Röntgen ins Krankenhaus und
konnte vorerst nur an Krücken gehen. Es stellte
sich jedoch heraus, daß es sich nur um einen mächtigen Bluterguß oberhalb des Knies handelte. Der
Bluterguß ist abgeschwollen, und das Gehen bereitet mir keine Schmerzen mehr. Bald darf ich auch
wieder Sport treiben. Gott hat mir meine Gesund-
heit wunderbar bewahrt.
Der Unterricht an meiner Bibelschule wird immer
interessanter. Die Dozenten lehren uns ein gutes
Evangelium und erziehen uns, recht und angemes-
sen von Gott zu reden. Manchmal weiß ich nicht
so recht, wie ich mit der Meinung anderer umgehen soll. Doch Papa hat mir geholfen, indem er
sagte, daß ich mich nicht so sehr um das Bibelver-
ständnis anderer sorgen soll, sondern selbst zu
meinem Glauben fest stehen und über Gottes Wort
froh werden darf. So will ich mich nicht länger von

Meinungen anderer abhängig machen, sondern will mich mit meinem Leben Jesus allein anvertrauen.

Aus diesem Grunde habe ich eine Meditation über das Wort geschrieben, das Ihr mir in meine Briefsendung hineingelegt habt. Ich will es Euch wissen lassen, damit Ihr Anteil an meinen Gedanken habt.

Meditation

Lebe heute, Augenblick für Augenblick,
von Gottes Gnade!
Nimm ihn beim Wort,
und du wirst Kraft, Hilfe
und Erquickung haben,
mitten in der Wüste.

Dieser Zuspruch, den mir mein lieber Vater auf einer Karte zurief, ist mir ein großer Segen geworden. Zum rechten Augenblick erreichte mich dieses Wort, das nicht nur für besondere Fälle gilt, sondern jeden Tag — sei es bei überschwenglicher Freude oder bei entsetzlichem Leiden — dem Glaubenden und Vertrauenden Kraft, Hilfe und Erquickung schenkt.

Zwei große Erfahrungen hat der Schreiber dieses beim ersten Anblick schlicht lautenden Wortes gemacht. Zwei Erlebnisse, die er nicht für sich behalten kann, die ihn so froh stimmten, daß er wie Petrus bekannte: „Wir können's ja nicht lassen, daß wir nicht reden sollten von dem, was wir gesehen und gehört haben."

Das eine ist die eine wunderbare, mutmachende Erfahrung, in der die tiefe Wahrheit christlichen

Lebens verborgen ist. Sie ertönt gleich zu Anfang:
Lebe heute!

Lebe heute! – das heißt nicht, daß wir ständig in
der Erinnerung an die gute, alte Zeit leben sollen,
die uns besonders in dunklen Stunden auf ver-
klärte Weise als unübertrefflich, wunderschön und
schlichtweg himmlisch vorkommt, so als sei
damals immer alles auf's Vortrefflichste gelungen.
Lebe heute! – das heißt nicht, daß wir andauernd
in der Vorstellung einer fantastischen Zukunft
leben sollen, die uns die Sicht für die kleinen Wunder Gottes und die verborgene Schönheit unseres
trist erscheinenden Alltags verstellen will, so als
beginne das wahre Leben erst in geraumer Zeit.
Lebe heute! – das heißt: Lebe heute! und zwar
Augenblick für Augenblick. Lebe heute! – bedeutet, daß wir anfangen, bewußt und nicht gedan-
kenlos zu leben. Lebe heute! heißt, daß wir das,
was wir jetzt zu tun haben, so verrichten, als sei es
die einzige Tat, um in den Himmel zu kommen.
Lebe heute! – heißt, den Tag zu pflücken, jede
Stunde wirklich auszukosten, denn ehe wir uns
versehen, ist die Zeit bereits vergangen, und sie ist
nicht wieder einzuholen. Carpe diem! ruft uns
Horaz zu, nicht, daß wir den Tag, der einmalig
gegeben ist, verschwenderisch behandeln, als gehe
es im Leben nur um genüßlichen Müßiggang, sondern daß wir den Tag, der uns einmalig gegeben ist,
in jeder Minute wahrnehmen und auf diese Weise
den Tag tatsächlich erleben. Lebe heute! will
gelernt sein. Zu einem geduldigen, trotz vieler
Ablenkungen gesammelten Tun bedarf es eines
festen Willens. Lebe heute! ist daher keine endgül-
tige Handlung, sondern ein iterativer, ein immer
wiederkehrender Vorgang im Leben eines Menschen. Er muß lernen, bewußt zu leben. Lebe
heute! macht meinen grauen Alltag reich, den

Geist empfänglich und sensibel für die verhüllte Herrlichkeit, die jeder Tag enthält. Lebe heute! Augenblick für Augenblick ist die große Gelegenheit, die Welt neu zu entdecken und hinter der dunklen Tristesse das heimliche, aber helle Licht der Gegenwart Gottes zu erspähen und froh und getrost darüber zu werden.

Worüber dürfen wir froh sein? Was kann uns trösten und getrost machen? Es ist die tiefe Einsicht in die Gnade Gottes. Was ich tagtäglich an Gutem und Schlechtem erlebe ist ja alles Gnade. Paulus bekennt: „Von Gottes Gnade bin ich, was ich bin."

Ich schlafe, ich esse, ich dusche, ich lese, ich arbeite, ich entspanne mich, ich lache, ich weine, ich habe Freunde um mich herum, ich bin allein: Was immer ich auch tue, alles ist eine unermeßliche Gnadengabe Gottes. Da gibt es nichts im Leben, was selbstverständlich wäre. „Was hast du, das du nicht empfangen hast?" fragt uns die Bibel. Wie lautet da unsere Antwort? Demütig kann ich nur sagen: Nichts. Aber gerade unsere leeren Hände, unsere Bedürftigkeit und Hilflosigkeit werden von Gott verwandelt. Aus leeren Händen macht er volle. Aus meiner Bedürftigkeit macht er unausforschlichen Reichtum. Hilflosigkeit verwandelt er in Kraft und Stärke. Und dies alles widerfährt uns Menschen aus reiner, unverdienter Gnade. Ist Gottes Gnade nicht ein heiliges, nicht zu ergründendes, unermeßliches Geschenk an uns?

Nun kommt es darauf an, ob wir Gottes Geschenk sehen, wahrnehmen und dankbar auspacken und gebrauchen. Denn Geschenke sind nie zum bloßen Anschauen geschaffen. Hier schließt sich der Kreis. Derjenige lebt heute, Augenblick für Augenblick, der Gottes Gnade dankbar erkennt und annimmt. Und nur derjenige, der Gottes Gnade dankbar erkennt und annimmt, kann auch bewußt heute leben, Augenblick für Augenblick. Das andere gleichermaßen Wunderbare und Mutmachende ist eine große Verheißung, die sich an das bindet, was den Menschen letztlich festhält und trägt: Gottes Wort.

„Nimm ihn beim Wort, und du wirst Kraft und Hilfe und Erquickung haben mitten in der Wüste." Darin wird dem Glaubenden der Proviant, das Trinkwasser zugesprochen, das er braucht, um heute zu leben, Augenblick um Augenblick: Kraft, Hilfe, Erquickung durch den lebendigen Gott in einer Welt, die so leblos, so tot, so grausam und erbarmungslos sein kann. Sie gleicht in ihrer Dürre einer Wüstenlandschaft, und wir stecken mitten drin. Eintönigkeit, Öde und Trostlosigkeit bestimmen unser Dasein.

Diese lebensspendende und lebensnotwendige Verheißung offenbart sich aber nur dem, der glaubt, der vertraut, der zutraut, daß Gott Kraft, Hilfe, Erquickung spenden kann. Deshalb wird sie nur dem zuteil, der es wagt mit Gott, der sich auf Gottes Wort einläßt.

„Nimm ihn beim Wort!"

Welche Gewißheit, welche Zuversicht, welches Vertrauen liegen in diesem schlichten Satz. Wie oft mißtrauen wir Gottes Wort. Wie oft weigern wir uns hartnäckig, Gott beim Wort zu nehmen? Wie oft denken wir uns mit unserer Klugheit möglichst viele Gründe aus, die aus unserer Sicht dagegen sprechen. Gottes Wort aber ist wahrhaftig, und was er zusagt, das hält er gewiß. Wir fügen uns den größten Schaden zu, wenn wir nur unserem Verstand und ausschließlich unserer Ratio Gehör schenken.

Hans Joachim Eckstein fragt zurecht: „Wie häufig

schon haben wir den persönlichen Zuspruch Gottes in bezug auf unser Selbst relativiert, nur weil er so gar nicht in unsere persönliche Biographie und Erfahrung paßt? Ist uns bewußt, daß wir damit das Negative zum Maßstab für unsere Wahrheit machen und das Traurige und Schwere zum Kriterium unseres Glaubens?"

Darin besteht das Wunderbare und Mutmachende, daß wir endlich und endgültig aufhören dürfen, eben gerade dieses zu tun. Ich muß nicht mehr länger der Knecht meiner begrenzten Vorstellungskraft sein, ich muß nicht mehr länger meinem ständigen Mißtrauen gegenüber Gottes Zusagen nachgeben, ich muß mir das Leben nicht mehr selbst schwer machen. Getrost darf ich mich von meinem Kleinglauben lösen.

„Nimm Gott beim Wort!" Nimm seine Zusagen für dich in Anspruch! Zweifle nicht, sondern glaube nur! Und Glaube ist Glaube gegen den Augenschein. Tu es einfach und finde selbst heraus, ob Gott seine Verheißungen erfüllt. Glaube nur, so wird dir Gott alles schenken. Du wirst Kraft, Hilfe, Erquickung erfahren. Wie ein Kind seinem Vater vertraut, so vertraue du Gott.

Eines ist gewiß: Gott beim Wort nehmen, lohnt sich. Glaube zahlt sich immer aus, sogar mitten in der Wüste. Denn die gute Nachricht Gottes ist zu wahr, um nicht als schön erkannt zu werden, und die Wirklichkeit des Auferstandenen ist für uns als Gläubige unglaublich glaubhaft.

Abschließen möchte ich meine Meditation mit der ersten Strophe eines bekannten Kirchenliedes. 1657 schrieb es Georg Neumark aus Weimar:

„Wer nur den lieben Gott läßt walten
und hoffet auf ihn allezeit,

den wird er wunderbar erhalten in aller Not und
Traurigkeit.
Wer Gott, dem Allerhöchsten, traut,
der hat auf keinen Sand gebaut.
Amen. "

P. S. Ich hoffe, daß Euch meine Meditation gefallen hat und sie Euch viel Mut macht, das eben mit jedem Atemzug zu erleben und Gott darin zu entdecken.

Vielen Dank für Eure lieben Geschenke! Ich denke an Euch und danke Gott, daß es Euch gibt.

Euer Daniel

Katharina

Ich wollte nur noch die Koffer holen und dann schnell ins Auto steigen. Aber daraus wurde nichts. Eine junge Mutter stand vor mir und fragte: „Darf ich Sie noch sprechen?" und bei diesen Worten traten ihr die Tränen in die Augen.

Wir setzten uns zusammen. „Frau Bormuth, mir ist durch Ihre Vorträge klar geworden, daß nicht Katharina der Problemfall in unserer Familie ist, sondern ich selbst. Ich habe so vieles versäumt und falsch gemacht. Zu spät merke ich, wie ich damit mein Kind verletzt habe. Aber vielleicht beginne ich mein Gespräch damit, daß ich erst einmal zurückblende. Wir waren einige Jahre verheiratet und glücklich über unseren kleinen Schatz. Mein Mann liebte seine fröhliche, aufgeweckte Tochter. Katharina war sein ein und alles. Zum Spaß sagte ich manchmal: ‚Jürgen, du bist wohl mit Katharina verheiratet, und ich bin bloß eure Putzfrau?' wenn das Spiel auf unserer Wiese kein Ende nehmen wollte und ich solange vergeblich auf ihn gewartet hatte.

Auch sonst ging es uns recht gut. Unser Hausbau stand kurz vor der Vollendung, und bald würden wir im eigenen Heim mitten im Grünen wohnen können. Ich fühlte mich wie ein Sonntagskind, dem alle Wünsche in Erfüllung gingen. Bald würde uns zu unserer reizenden Tochter vielleicht noch ein Sohn geboren werden. Ich war im vierten Monat schwanger. Und dann kam ein Tag, den werde ich mein Leben lang nicht mehr vergessen. Wie ein Frost auf eine blühende Obstplantage fällt und alles vernichtet, so heftig traf uns das Unglück. Mein Mann fühlte sich in letzter Zeit immer etwas müde und abgespannt. Ich schob es auf unseren Hausbau, weil wir fast alles in Eigenleistung ausführten. Er ging zum Arzt, und als ich die Diagnose hörte, schrie ich vor Weh laut auf. „Sie haben Leukämie im fortgeschrittenen Stadium", sagte der Arzt. „Ich kann Ihnen leider nur noch ungefähr vierzehn Tage einräumen. Ordnen Sie, was zu ordnen ist. Medizinisch können wir Ihnen nicht mehr helfen."

Mein Mann erstarrte, und ich heulte.

Als wir im Auto saßen, fielen wir uns in die Arme. „Jürgen, das darf doch nicht wahr sein, sag, daß es nicht wahr ist, Jürgen, sag es schon!"

Aber er schwieg nur und schaute zu Boden. Es war, als wäre ihm jedes Wort erstorben.

Auf der Fahrt nach Hause beruhigten wir uns etwas und gingen ins Gebet. Wir suchten unseren Prediger auf und informierten ihn von unserem schrecklichen Leid. Von diesem Augenblick an stand unsere Gemeinde hinter uns. Unsere Glaubensgeschwister beteten und hofften auf ein Wunder. Die nächsten Tage vergingen, ohne daß sich der Zustand meines Mannes verschlechterte. Ich begann, neuen Mut zu fassen, und mobilisierte alle Kräfte. Freunde, Verwandte und unsere Glaubensgeschwister packten mit an. Ich schuftete und wollte erreichen, daß mein Mann den Einzug ins neue Haus noch miterlebt. Diese Freude sollte er noch haben.

Erst im nachhinein wurde mir bewußt, wie sehr ich mich überfordert habe. Ich spürte das noch ungeborene Leben, und manchmal sagte ich zu meinem Mann, um ihn aufzumuntern: ‚Jürgen, das wird ein Junge, ein Mittelstürmer, so arg stößt er jetzt schon gegen meinen Bauch.'

Der Einzug in unser herrliches Haus wurde noch einmal zu einem Höhepunkt für meinen Mann. Es war ihm eine Beruhigung, daß er mich unter einem eigenen Dach wußte. Jeder Tag wurde für uns zu einem Geschenk. Wir lebten sehr bewußt und kauften die Zeit aus. Dann wurde unser Sohn geboren. Als ich den Jungen in meinen Armen hielt, strich mir mein Mann liebevoll übers Haar. Ich war zwar noch von den Strapazen einer schweren Geburt erschöpft, aber ich dankte ihm mit einem Lächeln. Er drückte mich an sich und gab mir einen Kuß auf die Wange. Es war mir, als wollte er mir sagen: ‚Uta, du mußt jetzt stark sein, schon um unserer beiden Kinder willen. Du wirst es schon schaffen, das traue ich dir zu.'

Noch vier Monate lebten wir gemeinsam in unserem neuen Haus. Dann holte Gott meinen Mann zu sich in seine neue Welt. Er darf nun Christus schauen, an den er geglaubt hat. Ich fand Trost im Wort der Bibel, aber ich will nicht verschweigen, daß es Stunden und Tage gab, an denen ich fast nicht mehr leben wollte. Es war gut, daß mich unser Baby auf Trab hielt. Nur selten konnte ich deshalb ins Grübeln kommen. Aber ab und an fiel ich wie in ein dunkles Loch, aus dem es kein Heraus zu geben schien. Am liebsten hätte ich mich in mein Bett verkrochen, um ja nichts hören und sehen zu müssen. Aber ich durfte mich nicht gehen lassen. Die Kinder brauchten mich. Ich kam mir ohne meinen Mann vor, als sei ich amputiert. Die zweite Hälfte fehlte mir auf Schritt und Tritt. Erst jetzt merkte ich, wieviel mir mein Mann bedeutete. Auf ihn konnte ich mich verlassen, mit ihm konnte ich weinen und beten, auf ihn stützte ich mich. Und nun war ich allein übrig geblieben. Mein Mann hat mit seinem Sterben eine Lücke hinterlassen, die kein Mensch füllen konnte. Besonders Katharina litt unter dem Verlust des Vaters. Nun war niemand da, der mal mit ihr über den Jahrmarkt schlenderte und Karussell fuhr. Abends konnte sie sich nicht an seine Seite kuscheln und seinen wunderschönen Geschichten lauschen. Im Garten ließ sie ihr Blumenbeet verkommen, denn Vater war nicht mehr da, der ihre Löwenmäulchen und Astern bestaunte. Schon lange war sie nicht mehr in ihr Baumhaus gestiegen, das Vater ihr gebaut hatte, und das Fahrrad blieb im Keller stehen. Denn nun war niemand da, mit dem sie dieses Vergnügen hätte teilen können. Nichts, aber auch gar nichts lohnte sich mehr.

Mir fehlte es an der nötigen Zeit. Da war das Baby, das

mich Tag und Nacht forderte. Draußen im Garten gab es noch so viel zu tun. In einer Ecke des Grundstücks lagen noch Steine, Bauschutt und alte Latten herum. Außerdem mußte ich viele Behördengänge erledigen. An einem Tag setzte ich sechzehn Mal meinen Namen unter ein Dokument. Da blieb keine Zeit zum Spielen und Kuscheln mit meinem Kind. Und wenn ich mal ein wenig verschnaufte, dann saß ich da und schaute ins Leere. Mein Liebstes war mir genommen. Wie sollte ich diesen Verlust verschmerzen?

Katharina wurde einsilbiger. Sie aß immer weniger und schließlich schluckte sie keinen Bissen mehr hinunter. Morgens blieb sie einfach im Bett liegen und wollte nicht mehr zur Schule gehen. Andere Kinder wuchsen heran, nahmen zu und mein Kind litt an Eßstörungen. Als sie die Grenze erreicht hatte, da sie zwangsernährt hätte werden müssen, packte mich Ohnmacht und Wut zugleich. Einmal stand ich gegen Mitternacht vor ihrem Bett, hielt ihr eine Banane und eine Tasse Milch entgegen und drohte: ‚Katharina, wenn du jetzt nicht ißt, schlag ich dir den Pantoffel um beide Ohren!‘ War es nicht schon schwer genug, daß ich so jung Witwe geworden war, sollte ich nun auch noch mein Kind hergeben? Noch halb im Schlaf aß sie das Obst und trank die Milch. Katharina nahm gar nicht recht wahr, was um sie herum geschah.

Jetzt fällt es mir wie Schuppen von den Augen: nie, nie hätte ich so mit meiner Tochter umgehen dürfen. Das Kind hätte Zuwendung, Liebe, Behutsamkeit, Trost nach dem Verlust des Vaters gebraucht, ich aber reagierte heftig und war ungeduldig. Mit meiner aggressiven, gereizten Art machte ich ihr Leid noch größer. Ich habe meine Tochter nach dem Tode meines Mannes seelisch verwahrlosen lassen, und die Eßstörungen sind nur ein Symptom für die innere Leere und den seelischen Schmerz. Ich bin der Problemfall, und nicht Katharina, das wurde mir durch Ihre Vorträge deutlich. Ich muß mich verändern, wenn ich mein Kind nicht verlieren will. Bitte beten Sie für mich, denn ich brauche Weisheit von Gott für die Erziehung meines Kindes. Erzählen Sie dieses Beispiel in Ihren Referaten, damit ich für meine Tochter Beter gewinne. Ihre Lage ist nämlich bedrohlich. Beten Sie!"

Wir falteten zusammen unsere Hände, und ich gab dieser Mutter noch hilfreiche Ratschläge. Außerdem nannte ich ihr eine christliche Klinik, wo sie ärztliche Beratung für ihre Tochter einholen könnte.

Mir aber wurde gewiß: Es gibt Hoffnung für Katharina. „Wer den Namen des Herrn anrufen wird, der soll errettet werden", sagt die Bibel. Katharina soll leben und zur Freude zurückfinden. Wenn mir dieses Kind gegenüberstände, dann würde ich es fest in den Arm nehmen und ihr zusagen: „Katharina, du bist sehr wertvoll. Gott mag dich und hat dich sehr lieb. Er hat dich gewollt, er hat dich wunderbar geschaffen, und ich bin gespannt, was er aus deinem Leben noch macht. Katharina, du darfst zu Gott Vertrauen haben, und da, wo du unter dem Verlust deines Vaters schrecklich leidest, will dich dein Vater im Himmel trösten. Katharina, du bist zur Freude berufen. Nimm jeden Bissen Brot aus der Hand deines himmlischen Vaters. Er segne es dir!"

Hände, die beglücken

Eigentlich wollte ich an diesem Morgen tüchtig putzen und dem Staub den Kampf ansagen, war ich doch fast vierzehn Tage auf einer Freizeit unterwegs gewesen. Aber daraus wurde nichts. Mein kleiner Enkelsohn kam zu Besuch, und mit einem zweijährigen, quicklebendigen, süßen Kerl würde mir diese Arbeit nicht ohne Aufregung von der Hand gehen. Da ist ein umgestoßener Wassereimer, der die Treppen herunterpurzelt, noch das geringste Übel. Viel schlimmer ist es, wenn unser Sprößling meint, mir helfen zu müssen und dabei die Penatencreme auf die Sessel und Teppiche schmiert.

Beim letzten Kommen war Daniel ganz erstaunt, warum ich ihn bei seinem Tun so bös anschaute. Oma hat doch selbst versucht, mit weißem Seifenschaum die Flecken aus den Polstern herauszureiben. Warum nur blickte sie jetzt so entsetzt drein?

Also, ich werde mir einen erholsamen, vergnügten Tag machen und mich mit meinem Enkel auf dem Spielplatz tummeln, beschloß ich. So stieg ich das Klettergerüst rauf und runter, schaukelte mit dem Knirps wild wie in Kindertagen durch die Lüfte, so daß Daniel vor Freude aufjuchzte, spielte Versteck, verkroch mich hinter einem Busch von Heckenrosen, tanzte, sprang und hüpfte, so daß mir die Puste ausging. Je doller ich es mit ihm trieb, desto glücklicher war der Kleine.

Den größten Spaß aber hatte er, wenn ich aus meiner Handtasche ein Überraschungsgeschenk herausholte und es im Gras oder hinter einem Baum versteckte. Fand er die

Gummibärchen, dann klatschte er vor Freude und Lust in die Patschhändchen.

Wie im Nu vergingen die drei Stunden, und erleichtert, daß dieser Vormittag ohne Stürze und Tränen verlaufen war, traten wir den Heimweg an.

„Komm, mein Schatz, jetzt darfst du wieder zu deiner Mama gehen. Ja?"

„Nein, Oma bleiben", stampft er mit dem Füßchen auf.

Wie sehr hat mich dieser Satz erfreut, denn ich weiß, daß Daniel sonst lieber bei seinem Papa und seiner Mama bleiben wollte und es Tränen gab, wenn ich das Kind mal hüten sollte. „Mama gehen, Papa gehen!" quengelte der Junge dann.

Also mein Toben, Tummeln, Scherzen und Tanzen waren vom Erfolg gekrönt. Daniel mag mich! Eine solche Erfahrung erfreut jedes Großmutterherz.

Ich ging in die Küche, kochte meinem Enkel ein kräftiges Süppchen, rührte einen Pfannkuchenteig und staunte über den guten Appetit von Daniel.

Als dann eine halbe Stunde später seine Mama durchs Hoftor schritt, hob ich den Jungen ans Fenster.

„Mama, Mama!" klopfte er mit seinen Patschhändchen an die Scheiben, und sie hinterließen auf den frisch geputzten Fenstern einen gut sichtbaren Abdruck.

Ach, wie wertvoll waren mir diese kleinen Finger an meiner Fensterscheibe. Ich nahm einen Rotstift und malte ein Herzchen drum herum. Es sind die Händchen meines Enkelsohnes, der seiner Oma einen herrlichen, vergnügten Morgen bereitet hat. Ich bin zutiefst glücklich.

Und während ich dies niederschreibe, kommen mir wieder Hände in den Sinn, rauhe, rissige, kräftige Hände. Es sind die Hände meiner Großmutter, die von viel Arbeit, Mühe und Entbehrung geprägt sind. Handcreme hat meine Großmutter nie gekannt. Es sind Hände, die sich vom frühen Morgen bis zum späten Abend gequält haben. Einem großen Hof stand Großmutter vor. Zwölf Kindern — sechs Jungen und sechs Mädchen — schenkte sie das Leben. Allein zwanzig Enkel nannte sie ihr eigen. Es waren Hände, die darauf bedacht waren, wohlzutun und zu helfen. Ach, wie freute ich mich, wenn Großmutter zu Besuch kam. Dann übernahm sie das Spülen und Abtrocknen, und wir Kinder konnten gleich auf den Hof zum Spielen gehen. Ihre Hände ruhten fast nie, und wenn sie sich mal hingesetzt hatte, um ein wenig zu verschnaufen, dann hatte sie immer gleich einen Strickstrumpf zur Hand. Nur ab und zu rutschte der Strumpf auf den Schoß, wenn sie für ein paar Minuten eingenickt war. Ich habe sie mal gefragt: „Großmutter, wieviel Strümpfe hast du eigentlich in deinem Leben gestrickt?"

„Oh Kind, das kann ich dir nicht sagen, aber so eine Stube voll wird's wohl schon gewesen sein."

Großmutter konnte auch wunderbar backen. Ihr Streuselkuchen mit reiner Butter ließ einem das Wasser im Mund zusammenfließen.

So kurz vor Weihnachten stellte sie Bonbons aus Sahne, Zucker und Kakao her. Wir Kinder standen um sie herum, und wenn mal ein Blech mit dieser Creme ausgestrichen war, schnitt sie die Randstückchen gerade und steckte sie uns in den Mund.

Wir waren aus ihrer Nähe gar nicht wegzutreiben.

Backte sie Plätzchen, dann bekamen wir Kinder immer ein Stück Teig und stachen Herzchen, Sterne und Glocken aus.

Am allermeisten liebten wir das Dämmerstündchen. Auf kleinen Stühlchen und kuschligen Kissen saßen wir um Großmutter herum und lauschten ihren Geschichten. Es waren immer biblische Erzählungen aus dem Alten und Neuen Testament. Ach, wie bangte ich mit Abraham, als er nach Morija zog, um nach dem Geheiß Gottes seinen Sohn auf dem Altar zu opfern. Das Herz krampfte sich in mir zusammen, wenn ich daran dachte, daß der kleine Isaak sterben sollte, und befreit atmete ich auf, als ein Engel kam, seine Hand ausreckte und befahl: „Leg deine Hand nicht an den Knaben!" Anstelle des Sohnes wurde dann ein Widder getötet.

Das waren herrliche Geschichten, die uns Kinder in die Welt der Bibel einführten. Wenn Großmutter von der Stillung des Sturms berichtete, dann bekam ich naße Füße. Ich hörte den Sturm aufheulen, sah, wie die mächtigen Wogen ins Boot schlugen, die Ruder zerbarsten und die Segel zerrissen, so daß die Jünger in großer Verzweiflung laut aufschrien. Aber mitten im Sturm hat sich der Heiland aufgerichtet und hat laut in den Sturm hinausgerufen: „Schweig und verstumme!" Da ward es ganz still.

Liebevoll strich uns Großmutter mit ihrer Hand über unsere Köpfe und beruhigte uns. „Kinder, denkt immer daran, der Heiland ist da, und ihm gehorchen alle Mächte des Verderbens." Wunderbar, wie Großmutter von Jesus erzählen konnte!

Später, in meiner Familie stürzten an einem Tag dann die Wogen auch über mir zusammen, so daß die Angst mich fest im Griff hielt. Ich erinnere mich, wie einer unserer Söhne mit seinem Fahrrad zur Universität fuhr. „Tschüß Mama!" rief er mir zu. „Junge, fahr vorsichtig!" schaute ich ihm noch nach. Eine Viertelstunde später stand ein Polizist vor unserer Haustür: „Ihr Sohn ist soeben von einem Auto angefahren worden, er wurde mit dem Notarztwagen in die Chirurgie gebracht." In solchen Augenblicken packt einen das Grauen. Ich fuhr dann in die Klinik, wartete vor dieser entsetzlich großen, weißen Glastür des Operationssaales eine Stunde, zwei Stunden, drei Stunden. Ich sah, wie die Ärzte und Krankenschwestern eilig hin— und herliefen. Ich wußte, hinter dieser Tür liegt mein Sohn. Wird er überleben? Ich war innerlich wie zerrissen, voller Traurigkeit. Heulen hätte ich mögen, aber ich war wie erstarrt. Und plötzlich hörte ich in mir eine Stimme wie aus Kindertagen: „Da hat sich der Heiland aufgerichtet und hat laut in den Sturm hinausgerufen: Schweig und verstumme! Da ward es ganz stille." Es war mir, als stünde Großmutter neben mir und tröstete mich mitten in meiner Angst. Ich gewann in meinem Elend neue Zuversicht, und in meiner Not fand ich Worte des Gebets.

Noch heute spüre ich Großmutters warme Hände, mit denen sie uns über die Stirn strich. Liebevolle, warmherzige, treue Hände. Nie werde ich ihre Kraft und Wohltat vergessen. Es waren Hände, die ermutigten, trösteten und liebten.

Aber ich würde etwas ganz Wesentliches auslassen, würde ich an dieser Stelle nicht auch von Jesu Händen reden. Es sind Heilandshände voller Liebe, Erbarmen und Verstehen. Am Kreuz auf Golgatha streckte Jesus sie segnend über mir aus. Für mich wurden sie dort am Fluchholz durchbohrt. Meine Sünde, meine Schuld haben diesen schrecklichen Tod Christi verursacht. Damit ich leben könnte, ewig leben, ließ sich der Heiland an den Kreuzesbalken schlagen. Ich bin in seine Hände gezeichnet, und nun kann keine Macht der Welt mich aus diesen Händen reißen. Jesu Hände sind stark. Sie sind segnend über mir ausgebreitet. In ihnen bin ich geborgen, und alle Ängste kommen zur Ruhe. Diese Hände tragen mich, wenn keine menschliche Hand mich mehr fassen kann. Sie halten mich, wenn ich schwach, elend, bedürftig bin. Sicher führen sie mich zum Ziel, und das heißt: Herrlichkeit bei Gott.

Ist es da verwunderlich, daß ich gern dieses alte Lied singe:

„So nimm denn meine Hände und führe mich
bis an mein selig Ende und ewiglich.
Ich mag allein nicht gehen, nicht einen Schritt,
wo du wirst gehn und stehen, da nimm mich mit.

In dein Erbarmen hülle mein schwaches Herz
und mach es gänzlich stille in Freud und Schmerz;
laß ruhn zu deinen Füßen dein armes Kind,
es will die Augen schließen und glauben blind.

Wenn ich auch gleich nichts fühle von deiner Macht,
du führst mich doch zum Ziele, auch durch die Nacht;
so nimm denn meine Hände und führe mich,
bis an mein selig Ende und ewiglich.

So liebe ich die kleinen Patschhändchen meines Enkelkindes. Voll Dankbarkeit will ich mich an Großmutters so zerfurchten, abgearbeiteten, warmen, wohltuenden Hände erinnern. Im Glauben aber will ich mich an die starken, segnenden, heilenden Hände Jesu halten. Sie bergen mich in dieser Zeit und führen mich in den neuen Himmel hinein. Von Jesu Händen werde ich dann in der Herrlichkeit empfangen.

Das verweigerte Geschenk

Wer freut sich nicht darüber, wenn vor Weihnachten das gelbe Postauto vor der Haustür hält und ein Bote mit einem Paket unterm Arm die Treppenstufen hinauf hastet? Aber diesmal habe ich Pech, denn es handelt sich um eine Warensendung, die ihren Empfänger nicht erreicht hat, und nun wieder zurückkommt in unser Haus. Vor ein paar Tagen hatte Agnes Lampert diesen Karton neu beschriftet und an ihren Sohn abgeschickt. Lange hatte diese verhärmte, scheue, psychisch kranke Frau an den Strümpfen gestrickt, bis sie die fünf Paar Socken in Silberfolie wickeln und mit einem roten Band verschnürt auf den Weg zu ihrem Ältesten bringen konnte.

Nun hält sie den Karton wieder in Händen, und die Enttäuschung ist ihr ins Gesicht geschrieben. „Harald ist vielleicht noch zur Kur oder besucht Freunde. In einer Woche werde ich es noch einmal versuchen, dann wird mein Junge sicher zu Hause sein."

Der Heilige Abend rückte immer näher. In acht Tagen würden die Kerzen am Tannenbaum brennen. Das dichte Schneetreiben zaubert echte Weihnachtsstimmung herbei. Unentwegt schneit es. Die herrlichen weißen Flocken tanzen im heftigen Wind. Die Straßen verwandeln sich in spiegelglatte Rutschbahnen, und so mancher Autofahrer müht sich vergebens, seinen Wagen in Gang zu setzen.

Plötzlich entdecke ich, wie sich Frau Lampert mit ihrem Paket abmüht. Am Zaun findet sie etwas Halt.

„Agnes, kommen Sie zurück. Bei einem solchen Stöberwetter jagt man noch nicht einmal einen Hund hinter dem

Ofen fort, und Sie wollen noch bis zur Post gehen? Kehren Sie um, damit Sie sich nicht noch ein Bein brechen. Morgen früh kann mein Mann auf der Fahrt zur Arbeit das Paket am Schalter abgeben."

„Nein, nein", antwortet mir die sonst so schüchterne Frau. „Morgen könnte es schon zu spät sein. Mein Harald soll doch noch die Strümpfe haben. Jetzt, wo es kalt ist, braucht er sie dringend. Harald ist nämlich Polizist und ist bei Wind und Wetter auf der Straße, wenn er einen Unfall aufnehmen muß. Mein Junge soll nicht frieren. Es wird höchste Zeit, daß ich mein Geschenk zur Post bringe. Ich passe auf, damit ich nicht ausrutsche."

Mühsam quält sich Agnes Schritt um Schritt den Berg hinunter.

Ich schüttle den Kopf und denke: Einer Mutter wird halt nichts zuviel, wenn es um ihr Kind geht.

Längst ist mir die Sache mit den selbstgestrickten Strümpfen aus dem Sinn gekommen. Ich muß mich sputen, daß ich noch die hundert Kleinigkeiten zum Fest erledige.

Dann ist es endlich soweit. Es ist der 24.12.. Wieder hält das gelbe Postauto vor unserem Haus. Ich erschrecke, als ein junger Mann den blauen Karton aus dem Wagen hebt. Nun schon zum zweiten Mal. „Für Frau Agnes Lampert. Sie nehmen die Sendung an? Das ist doch eine Ihrer Untermieter."

Ich bin ganz starr vor Entsetzen und nicke wortlos. An einer Seite ist das Paket schon aufgerissen, und die Kordel hat sich von dem Hin und Her des weiten Weges gelockert. Wie ist das nur möglich? Zum zweiten Mal verweigert der Sohn die Weihnachtsgabe der Mutter. Entrüstung und Ärger, Zorn und Wut, Leid und Schmerz bemächtigen sich meiner. Auch das ist Weihnachten! Wie abgestumpft, wie kaltherzig und gefühllos muß ein Mensch sein, daß er zu solch häßlichem Tun fähig ist?

Ich bin niedergeschlagen und habe Mühe, mein inneres Gleichgewicht wiederzufinden. Langsam beginne ich zu begreifen, warum Agnes von Zeit zu Zeit in eine tiefe Depression fällt. Wer vom eigenen Sohn so mit Füßen getreten wird, muß ja schwermütig werden. Ich finde nicht den Mut, Agnes das Paket auszuhändigen. Noch nicht! Am liebsten würde ich es dem Sohn um die Ohren schlagen und laut schreien: „Weißt du, Kerl, was du deiner Mutter damit antust? Verdient hast du meinen Zorn, Harald! So darf ein Sohn nicht mit seiner Mutter umgehen! Du bist ein Schuft und schlägst deiner Mutter Wunden!"

Wenn ich doch nur diesen blauen Karton unterschlagen könnte, ich würde damit einer Mutter die Illusion lassen, ihr Sohn freue sich über ihre Weihnachtsgabe. Aber das ist nicht möglich. Ich muß Agnes das Paket überbringen, sonst mache ich mich strafbar. Behutsam und schonend will ich ihr den Karton geben und vielleicht lindert es den Schmerz, wenn ich noch ein Geschenk von mir dazu stelle. Ich haste in den Vorratskeller, suche nach Kaffee, Tee, Butterspekulatius und zwei roten Würsten. Ganz schnell richte ich einen kleinen Präsentkorb. Schweren Herzens klopfe ich an ihre Tür.

Agnes strahlt, als sie den Präsentkorb sieht.

„Danke, danke, Frau Bormuth, und ein frohes Fest mit Ihrer großen Familie!" stottert sie etwas verlegen. Mir wird es jetzt noch bedrückender zumute, dieses Paket loszuwerden. Als Agnes den Quellekarton sieht, erschrickt sie.

„Habe ich etwas falsch gemacht? Stimmt denn die Adresse nicht? Nun wird mein lieber Harald seine Strümpfe nicht mehr rechtzeitig zum Weihnachtsfest erhalten. O, wie leid mir das tut."

Ich bin wie benommen und weiß nicht, wie ich antworten soll. Ich kann dieser Mutter nicht die Wahrheit sagen und ihr klar machen, wie schäbig ihr Junge an ihr handelt. So schweige ich lieber, denn lügen möchte ich auch nicht.

Am ersten Feiertag erscheint Agnes schon recht früh bei mir in der Küche. Sie hält mir einen Zehnmarkschein entgegen, und das ist für einen Sozialhilfeempfänger viel Geld.

„Frau Bormuth, könnten Sie vielleicht bei meinem

geschiedenen Mann anrufen. Sicher weiß er, wo Harald jetzt wohnt."

Die zehn Mark stecke ich in ihre Rocktasche zurück, wähle die angegebene Nummer und drücke ihr den Hörer in die Hand. Es ist ein längeres Gespräch, das die beiden miteinander führen. Die Mutter erfährt, daß Harald sich einen Bauplatz gekauft habe. In drei Monaten wird er sein neues Haus beziehen. Er habe eine Erbschaft gemacht, und es ginge ihm gut. In seinem Beruf ist er die Erfolgsleiter nach oben geklettert und sei nun Kommissar. Bis zum Einzugstermin sei er unter seiner alten Adresse zu erreichen.

„Frau Bormuth, Sie sind ein Engel, daß Sie mich mit meinem ehemaligen Mann telefonieren lassen. Sie wissen ja, daß ich mich allein nicht an ein Telefon heranwage. Jetzt habe ich so viel Schönes über meinen Jungen erfahren. Das ist mir eine echte Weihnachtsfreude."

Betroffen stehe ich in der Diele. Hier ist eine Mutter in ihrer seelischen Verfassung gehalten, die Häßlichkeiten ihres Sohnes zu erkennen.

Mir wird nun klar, mit wem ich mehr Mitleid haben müßte: Ein Sohn, der reich ist, bald in sein Eigenheim ziehen kann, und der doch in seinem Innern herzlos und gefühlskalt ist.

Ein tiefes Erschrecken packt mich. „Harald, du tust mir unendlich leid. Den Wert und die Liebe deiner Mutter hast du noch gar nicht begriffen. Ich wünsche dir, daß dein steinernes Herz von der Liebe des Christuskindes entzündet wird. Wie wohl wird dir dann sein. Mit Freuden würdest du die Gaben deiner lieben Mutter empfangen und dich ihrer nicht mehr schämen. Voller Stolz würdest du deinen Freunden und Kollegen zurufen: ‚Seht her, diese Strümpfe hat Mutter mir selber von ihrem geringen Einkommen gestrickt! Meine Mutter denkt an mich und beschenkt mich. Ihre Liebe überwindet die Tiefen der Depression. Das macht mich glücklich.'"

Erhörte und nicht erhörte Gebete

Ich weiß um erhörte, aber auch um nicht erhörte Gebete. Ich kenne Jubel, aber auch Traurigkeit. Und doch hat mich dieses Wechselbad meiner Gefühle eines gelehrt: Gott ist immer vertrauenswürdig. Mein Glaube an Gott kann zwar erschüttert werden, aber ich muß nicht an den Rätselhaftigkeiten des Lebens zerbrechen.

Ich war ein kleines Mädchen von acht Jahren. Todkrank lag meine Mutter in der Klinik. Die Ärzte hatten alle Hoffnung aufgegeben. Da habe ich zu Gott gebetet und ihm tausend Dank versprochen, wenn meine Mutter wieder gesund würde. Das Wunder geschah — meine Mutter lebt, sie lebt bis heute und ist 82 Jahre alt. Mein Versprechen nahm ich sehr ernst. Wie oft setzte ich mich auf einen Feldstein, faltete meine Hände und sagte: „Vater im Himmel, ich möchte mich bei dir sehr herzlich bedanken. Du hast meine Mutter wieder gesund gemacht. Du bist ein wunderbarer Gott!"

Nichterhörte Gebete stürzten mich fast in Verzweiflung. Zwei Jahre hatte meine Schwester um ihre Beine gekämpft. Bei einem Zugunglück waren sie ihr total abgequetscht worden. Mehr als dreißig Operationen hatte sie über sich ergehen lassen müssen. Sie hatte nur den einen Wunsch: wieder laufen zu können. Zu Hause warteten ihr Mann und zwei Kinder auf sie.

Ich hatte Gott versprochen, er könne über mein Sparbuch verfügen, das ich zum Studium meiner Tochter und Söhne angelegt hatte, wenn nur die Beine erhalten blieben.

Aber mein Gebet fand keine Erhörung, trotz des Opfers,

das ich bringen wollte. Die Beine waren nicht mehr zu retten. Das war ein schwerer Schlag. Meine Schwester sitzt seit ihrem 36. Lebensjahr im Rollstuhl.

In einer Nacht, in der ich innerlich sehr zerrissen war, tröstete mich Gott: „Warum bist du so verzweifelt? Du hattest auf ein Wunder gehofft. Aber ist es nicht ein größeres Wunder, wenn ein noch junger Mensch sich meinem Willen fügt, sein Schicksal annimmt und das Leben meistert? Ich will deiner Schwester göttlichen Trost zuteil werden lassen, und sie soll spüren, daß sie ein wertvoller Mensch ist, auch wenn sie im Rollstuhl sitzen muß."

In dieser Zeit entsetzlicher Not wurde das Buch Hiob für meine schwerkranke Schwester zur wichtigsten Lektüre. Sie klammerte sich an die Wahrheit, die dieser schwer geplagte Mann aussprach: „Ich weiß, daß mein Erlöser lebt."

Jesus Christus begegnete meiner Schwester als Erlöser und Heiland. Sie beugte sich dem unerforschlichen Ratschluß Gottes und nahm die Herausforderung an, als Behinderte zu leben.

Hilft Beten immer?

Ich stehe auf dem Marktplatz einer mir völlig fremden Stadt. Mein Mann hat sein Examen bestanden und soll hier an einem Gymnasium Englisch und Religion unterrichten. Was uns zu unserem Glück fehlt, ist eine Wohnung. Wo finden wir ein Dach über dem Kopf? Von einer Vermittlung laufen wir zur andern, aber das Ergebnis ist immer das gleiche. „Wir setzen Sie auf die Warteliste, denn Wohnungen gibt es leider nicht."

Ich bin verzweifelt. Da kommt mir ein Gedanke: Warum laufen wir eigentlich von Hinz zu Kunz und lassen den außer acht, der Himmel und Erde geschaffen hat? Während rings um mich herum Salat, Gurken, Eier und Äpfel verkauft werden, lehne ich mich an einen Baum und bitte Gott, er möge uns eine kleine Wohnung geben. Durch das Gebet mutiger geworden, spreche ich einen flotten jungen Mann an: „Können Sie mir sagen, wo sich in dieser Stadt die Christen zum Bibellesen und Beten treffen?" Etwas verdutzt schaut er mich an und stottert: „Gehen Sie mal die Bahnhofstraße runter, Nummer 25, da finden Sie solch einen Kreis."

Wir befolgen den Rat. Innerhalb von einer Stunde haben wir zwei Mansardenzimmer mit Küche gemietet. Kurgäste wohnten den Sommer über darin, aber nun ist die Saison zu Ende. Die Wirtin ist eine Christin und nimmt uns auf. An diesem Abend fällt es mir nicht schwer, Gott zu danken. Das Lob sprudelt nur so über meine Lippen.

Und noch ein Erlebnis in bezug auf das Gebet ist mir eindrücklich.

In diesem Sommer war ich auf der Insel Rügen. Nach dem Frühstück tauschten wir uns über einen Bibeltext aus. Ein Wort bewegte uns besonders: „Die Liebe rechnet das Böse nicht zu."

Etwas stockend berichtete ein älteres Ehepaar: „Es fällt uns sehr schwer, diesem Gebot nachzukommen. Wir empfinden Zorn, Haß, ja sogar Rachegedanken in unserm Innern. Wir haben eine Tochter, sie ist Mutter von zwei noch kleinen Kindern. Wir hatten zeitweise unsere Tochter mit den Kindern bei uns aufgenommen, denn ihre Ehe ging in die Brüche. Am 18. Mai dieses Jahres fuhr ich sie in ihre Wohnung, da sie etliche Dinge erledigen wollte. Als sie aus dem Auto stieg, sagte sie: ‚Vater, jetzt gehe ich wieder in die Höhle des Löwen.' Das war das Letzte, das wir von unserer Tochter hörten. Seit diesem Abend ist unser Kind verschwunden. Kein Mensch kann uns sagen, was sich ereignet hat. Wir vermuten Mord und haben die Polizei eingeschaltet. Das Haus wurde mit Spürhunden durchsucht, aber der Verdacht bestätigte sich nicht. Selbstmord ist für uns undenkbar, denn unsere Tochter ist ein lebensbejahender Mensch und sehr fröhlich in ihrem Wesen. Diese Ungewißheit schnürt uns noch die Luft zum Atmen ab. Fast hätten wir nicht die Kraft gehabt, hier nach Rügen zu fahren, so verzweifelt waren wir. Aber das Leben muß ja weitergehen. Wir sind so bitter gegen unseren Schwiegersohn. Warum tut er uns das an? Es fällt uns sehr schwer, ihm das Böse, das er unserer Tochter angetan hat, nicht zuzurechnen. Er hat sie beschimpft und geschlagen. Wenn wir nur wüßten, was am Abend des 18. Mai geschehen ist. Bitte beten Sie für uns. Wir müssen unserem Schwiegersohn vergeben. Beten Sie, daß Gott uns die Kraft gibt, das Unbegreifliche zu tragen. Vielleicht lebt unsere Tochter ja noch. Wir brauchen Gewißheit über ihr Schicksal, denn wir sind mit unserer Nervenkraft am Ende. Sechs Wochen sind eine lange Zeit."

Alle, die diese verzweifelten Eltern hörten, waren bewegt.

Nur schwer konnte ich an diesem Abend beim Vaterunser die Worte über meine Lippen bringen: „... und vergib uns unsere Schuld, wie wir vergeben unseren Schuldigern."

Eine Begegnung im Intercity

Na, ist das aber eine mufflige Haltung, die die junge Dame an den Tag legt. Ich sage freundlich „Grüß Gott", und sie reagiert kaum auf meinen Gruß. Als ich sie frage, ob ich den Koffer im Gang stehen lassen könnte, lehnt sie sich in die roten Polster zurück und hüllt ihr Gesicht in den Mantel. Ungefähr zwei Stunden werde ich mit meiner Reisebegleiterin in diesem Abteil verbringen, das ist ja eine rosige Aussicht, wenn sie so unhöflich ist. Ein freundlicher Fahrgast wäre mir lieber. Aber was soll's! Auch diese Zugfahrt würde ich gut überstehen, sage ich mir, und ziehe ein Buch aus meiner Tasche. „Die Brüder Karamasow" von Dostojewski heißt meine Lektüre.

Ab und an blicke ich zur jungen Dame hinüber und werde dann doch unruhig. Ob sie sich nicht wohlfühlt? Vielleicht hat sie auch Ärger am Arbeitsplatz oder in der Familie gehabt? Ist sie vielleicht eine Ausländerin und hat meinen Gruß gar nicht verstanden? Irgend etwas stimmt mit dieser jungen Frau nicht.

Erst nach einer ganzen Weile, als ich meine Apfelschalen los werden will, wird sie kontaktfreudiger. Sie öffnet mir sogar den Deckel des Abfallbehälters, stöhnt aber dabei leise auf.

„Ach, meine Kopfschmerzen plagen mich so sehr!"

„Möchten Sie vielleicht eine Schmerztablette? Mit Aspirin könnte ich Ihnen aushelfen."

„Ach nein", lehnt sie ab. „Ich bin selbst Ärztin und habe diese Medikamente sogar in meinem Arztkoffer. Aber wahrscheinlich sind die Schmerzen psychisch bedingt. Vor knapp drei Stunden bin ich in einen Autounfall verwickelt worden. In Kempten hat ein nagelneuer BMW die rote Ampel nicht beachtet und mich gerammt. Der Aufprall war so stark, daß ich auf einen blauen VW Variant gedrückt wurde. Ich hatte noch Glück im Unglück und habe nur ein paar Prellungen davon getragen. Aber sie bereiten mir schon starke Schmerzen. Aber meinen Golf kann ich vergessen. Er hat Totalschaden. Vorn und hinten ist er eingedrückt, und der Rahmen ist verzogen. Der Schock sitzt mir noch in den Gliedern."

Aufmerksam höre ich zu, und sie fährt fort: „Der Tag heute war schon schwer genug. Und nun noch dieses Malheur! Zu meiner Aufgabe gehört es, Gefangene im Strafvollzug zu behandeln. Was ich da an Elend und Kummer sehe, greift mich an. Die Männer im Zuchthaus müssen oft Jahre hinter Gittern verbringen. Wie froh sind sie, wenn sie auf ein hörbereites Ohr stoßen und mit jemand von draußen reden können. Gewiß, es wird nicht alles der Wahrheit entsprechen, was mir meine Patienten erzählen. Selten finde ich jemanden, der zu seiner Schuld steht. Die meisten sagen, daß sie zu Unrecht hier hinter Mauern sitzen. Immer sind es die andern, die sie in diese prekäre Situation gebracht haben. Als Dieb, Mörder, Autoknacker, Dealer oder Betrüger fühlt sich keiner. Nur ganz selten kommt es vor, daß einer mir gesteht: ,Ja, ich bin schuld, daß ich hier einsitze. Warum nur habe ich mich volltrunken ans Steuer gesetzt und bin in eine Gruppe von Schülern gerast. Es ist meine Schuld, meine große Schuld, daß Angela und Vanessa auf der Straße verbluten mußten. Auch wenn ich meine Strafe hinter mich gebracht habe, die Gewissensqualen werden mir bleiben, ein Leben lang.'

Wenn mir diese Männer begegnen, dann nehme ich mir Zeit für sie, damit sie sich aussprechen können, aber die andern meinen, sie hätten weiße Westen an. Und doch tun mir diese Männer leid. Die Gefängnisse sind überfüllt. In Einzelzellen, die für einen Mann gebaut wurden, sind meist zwei Leute untergebracht. Für ein paar Mark Lohn arbeiten sie in den Werkstätten. Meist kommen sie nur eine halbe Stunde am Tag ins Freie, um Sauerstoff zu tanken. Gegen halb sechs Uhr abends werden sie wieder in ihre enge Behausung eingeschlossen, und dann liegen ein langer Abend und eine noch längere Nacht vor ihnen. Wer nur wenig auf dem Kerbholz hat, lernt hier alle andern Schlechtigkeiten noch hinzu. Von Resozialisierung kann gar nicht die Rede sein. Obwohl ich die Situation durch meinen Dienst sehr gut kenne und eigentlich an all das Schwere gewöhnt sein müßte, macht mich meine Aufgabe doch sehr betroffen. Heute habe ich einen Sträfling behandelt, der nicht einen einzigen Menschen hat, der sich um ihn kümmert. Keiner besucht ihn, keiner schreibt ihm, keiner schickt ihm ein Päckchen zum Geburtstag. Seine Ehe wurde geschieden. Die beiden heranwachsenden Töchter haben sich vom Vater gelöst. ‚Mit einem Kriminellen wollen wir nichts mehr zu tun haben', ließen sie dem Vater übermitteln. Es ist sicher ein großes Verbrechen, als Geschäftsführer eines angesehenen Unternehmens zwei Millionen auf sein eigenes Konto umzubuchen. Und doch tut mir dieser Mann leid. So habe ich mich entschlossen, ihm wenigstens einmal im Monat einen lieben Gruß zukommen zu lassen. Heute hat er mich gefragt: Woher nehmen Sie die Motivation, mich als Ärztin gut zu versorgen und mir dabei noch Ihr Mitgefühl zu zeigen? Was bewegt Sie zu diesem persönlichen Engagement? Ich wisse doch, was für ein Schuft er sei. Ich war über diese Frage sehr überrascht und stotterte etwas von ‚Genfer Konvention', durch die ich mich zur Hilfeleistung verpflichtet fühle. Und schließlich schlage ja noch ein Herz in meiner Brust. Was hätte ich auch anderes antworten können? Es ist doch meine Aufgabe, jeden Patienten, so gut ich es vermag, zu versorgen, sonst mache ich mich selbst schuldig."

„Ach", schaltete ich mich ein, „da hätten Sie dem Gefangenen noch mehr sagen können. Dieser Mann braucht Hoffnung, ja Hoffnung hätten Sie ihm vermitteln können.

Das Leben ist das höchste Gut, das uns von unserem Schöpfer zuteil wird. Es gibt nichts Größeres als das Leben. Gott hat ein Interesse an uns. In seinen Augen ist jeder Mensch wertvoll, auch wenn er mit dem Bürgerlichen Gesetzbuch in Konflikt geraten ist. Lassen Sie doch diesen Hoffnungsstrahl in der Öde seiner Zelle aufleuchten. Machen Sie ihm Mut, sich diesem Gott anzuvertrauen. Wer mit Gott lebt, darf von vorn beginnen."

„Ja", gibt die Ärztin zu verstehen, „Sie können glauben, das spüre ich Ihren Worten ab. Gewiß, es muß wohl einen Gott geben, daran zweifle ich nicht. Irgendeine Kraft muß unsere Welt und uns Menschen geschaffen haben, aber so wie Sie vermag ich nicht zu glauben. Ich bemühe mich, den Sinn des Lebens zu finden, aber bisher ist mir mein Streben nicht gelungen."

„Wahrscheinlich haben Sie an falscher Stelle gesucht", gebe ich zur Antwort. „Lesen Sie das Neue Testament, da kommt Ihnen Gott in der Person Jesu Christi ganz nahe. Sie werden staunend begreifen, wie er die Menschen liebt. Aus unserer Schuld kann er uns herausführen und uns mit dem Vater im Himmel wieder versöhnen. Durch Christus kann jeder Hoffnung gewinnen. Keiner ist für Jesus zu schlecht, keiner zu gering, keiner zu arm, keiner so verdorben, daß er bei Jesus nicht eine Chance zum Neubeginn hätte."

„Auch für so Schuldige wie die RAF-Terroristen?" wendet meine Gesprächspartnerin ein. „Würden Sie ihnen auch eine hoffnungsfrohe Lebensperspektive einräumen? Finden solche Leute, die gemordet, Brandsätze in Kaufhäuser gelegt haben, Unschuldige erschossen haben, auch einen gnädigen Gott? Dürfen solche Verbrecher auch neu anfangen? Meine Frage hat einen tieferen Hintergrund. Sie müssen wissen, daß ich auch die Häftlinge in Stammheim ärztlich versorgen muß. Ich habe schon eine Reihe von Terroristen in meiner Sprechstunde gehabt. Aber ich kann nicht sagen, daß diese Männer und Frauen Reue verspüren. Als ich neulich einer Terroristin erzählte, ich müsse mich heute beeilen, da ich in der Hans-Martin-Schleyer-Halle eine

Tennisveranstaltung besuchen möchte, lachte sie hämisch und bemerkte: ‚Na, diese Halle haben sie doch bloß uns Terroristen zu verdanken. Hätten wir Schleyer nicht erschossen, gäbe es diese Sportstätte gar nicht'.

Da hat mich erst Zorn und dann tiefe Betroffenheit gepackt. Sehr bedrückt fuhr ich von Stammheim wieder heim. Mir fällt es schwer, für solche Menschen noch Hoffnung zu haben, zu sehr haben sie sich in ihrem Denken und Handeln ins Böse verrannt."

„Ja", gebe ich der Ärztin zu verstehen, „vom menschlichen Standpunkt aus gesehen haben Sie recht. Aber darin besteht die Größe der Liebe Gottes, daß er jede Eisscholle, die sich um das Herz eines Menschen legt, zum Schmelzen bringen kann. Nie brauche ich jemanden aufzugeben, auch wenn er noch so verlogen, verbissen, rechthaberisch und verdorben ist. Immer ist Gott größer als die Schuld des Menschen."

Ich krame in meiner Handtasche und hole ein kleines Buch mit dem Titel „Liebe macht lebendig" hervor.

„Würden Sie dieses Buch von mir annehmen? Ich habe es selbst geschrieben. Dabei wurde ich von der Erfahrung geleitet, wie helfend, heilend, tröstend die Liebe Gottes ist. Sie vermag das Verhärtete aufzubrechen und Menschen umzuwandeln.

Ich will Ihnen dies anhand einer Geschichte der Bibel deutlich machen, die mich gerade in diesen Tagen stark bewegt hat. Plötzlich entsteht vor dem Tempel ein lautes Gedränge. Schriftgelehrte und Pharisäer zerren eine Frau an den Händen und Haaren herbei. ‚Meister, diese Frau ist auf frischer Tat beim Ehebruch ertappt worden. Nach dem Gesetz muß sie gesteinigt werden. Was sagst du dazu?'

Jesus, der Gottessohn, schweigt zunächst zu diesem brutalen und heuchlerischen Geschehen. Er bückt sich zur Erde nieder und schreibt mit seinem Finger etwas in den Sand. Die Männer aber verlangen eine Antwort von Jesus und bedrängen ihn mit Fragen. Und dann richtet sich Jesus auf und sagt nur einen Satz, inhaltsschwer und bedeutsam: ‚Wer unter euch ohne Sünde ist, der werfe den ersten Stein auf sie.'

Und wieder schweigt Jesus, bückt sich nieder und schreibt auf die Erde Worte, deren Sinn uns verborgen bleibt.

Und plötzlich schlägt den Pharisäern und Schriftgelehrten das Gewissen. Sie sind von der Rede Jesu getroffen. Von ihrer eigenen Schuld überführt, verläßt einer nach dem anderen den Platz, der zum Ort der Steinigung hätte werden sollen. Jesus bleibt mit der Ehebrecherin allein zurück. Er geht auf sie zu, richtet sie auf, und da er niemanden in seiner Nähe sieht und Auge in Auge mit dieser Frau allein dasteht, sagt er ihr diese wunderbaren Worte: ‚Frau, wo sind deine Verkläger? Hat dich niemand verdammt?' Sie aber antwortet ihm: ‚Herr, niemand!'

Und Jesus schaut sie an: ‚So verdamme ich dich auch nicht; gehe hin und sündige nicht mehr!'

Können Sie verstehen", wende ich mich an die Ärztin, „daß mich die Person Jesu fasziniert? Wo finden Sie in der Welt einen Menschen, der so liebevoll, warmherzig, befreiend handelt, wie er? Er möchte die Menschen beglücken, sie herausreißen aus ihrem Elend, ihnen Hoffnung und Freude geben, gerade denen, die von der Gesellschaft abgeschrieben sind. Für Christus ist jeder Mensch sehr wertvoll. Nie gibt er jemanden auf. Er hat eine einzigartige Liebe zu denen, die den Mut verloren haben. Liebe ist wirklich lebendig und schafft Leben. Ich wünsche Ihnen diese Beherztheit, sich Christus anzuvertrauen. Lesen Sie das Neue Testament, darin können Sie ihn kennenlernen. Sie werden den Sinn des Lebens entdecken, und ein Staunen wird Sie überkommen."

Plötzlich ertönt es durch den Lautsprecher: „In wenigen Minuten erreichen wir Stuttgart."

Die Ärztin zieht sich ihren Mantel an und greift nach ihrer Tasche. Sie reicht mir die Hand und bedankt sich für die nette Reisebegleitung. „Sie haben mich in meinen Problemen verstanden. Das Gespräch mit Ihnen hat mir einen neuen Blick geschenkt."

Und beim Verlassen des Abteils winkt sie noch einmal zurück und lächelt: „Ach jetzt fühle ich mich wieder viel wohler. Die Kopfschmerzen sind vergangen. Vielen Dank!"

Mir war diese Begegnung auch sehr wertvoll.

Schließen Sie mich in Ihr Abendgebet mit ein!

Glutheiß war es im Abteil des Intercity. Er sollte mich zu einem Vortrag nach Bonn bringen. Sechs Stunden Fahrt lagen vor mir. Müde war ich, schrecklich müde. Die achttägige Freizeit war recht anstrengend gewesen. So lehnte ich mich in die roten Polster zurück, um mich für meinen Dienst auszuruhen. Aber dazu kam es nicht. Ob die Hitze mir den Schlaf verwehrte, oder das gleichmäßige Rattern des Zuges, oder die lebhaften Gespräche zweier mitreisender Damen, das kann ich im nachhinein nicht mehr sagen. So wollte ich die Zeit wenigstens anderweitig nutzen, holte meine Bibel hervor und vertiefte mich ins Buch Hiob.

Mir schräg gegenüber saß ein sehr gut gekleideter Herr. Ich merkte, wie er Kontakt zu mir suchte. Ich war aber überhaupt nicht zu einem Gespräch aufgelegt. So las ich Kapitel um Kapitel vom Leid dieses so gesegneten Mannes. Für mich ist das Buch Hiob das ergreifendste und faszinierendste Buch der Bibel. Angesehen war Hiob, von arm und reich geachtet. Sogar Gott sagte von ihm: „denn es ist seinesgleichen nicht im Lande, rechtschaffen, gottesfürchtig und meidet das Böse." Und dann brach das Unglück über ihn herein: Seine ganze Habe wurde ein Raub der Flammen. Feinde stürmten mit ihren blutrünstigen Horden ins Land und töteten alle Knechte und Mägde, dazu das Vieh auf den Weiden. Und als ob dies nicht schon Elend genug wäre, kam ein Bote und meldete, daß alle seine Kinder, die zu einem Fest beim ältesten Sohn weilten, von einem Sturm überrascht worden waren. Das Haus, in dem sie feierten, stürzte über ihnen zusammen, und alle fielen diesem Unwetter zum Opfer. Hiob hat unsäglich gelitten. *Ein* Kind durch einen Unfall zu verlieren, ist schon schrecklich. Aber *alle* Kinder mit einem Schlag sterben zu sehen, das übersteigt das Maß, das ein Mensch an Leid ertragen kann. Hiob zerreißt seine Kleider vor lauter Verzweiflung, rauft seine Haare und wirft sich vor Gram auf die Erde. Und doch kann Hiob noch beten: „Der Herr hat's gegeben, der Herr hat's genommen, der Name des Herrn sei gelobt!"

Daß ein so schwergeprüfter Mann dann noch an Aussatz erkrankt, greift mir ans Herz. Gequält vom Schmerz und gepeinigt vom Juckreiz sitzt Hiob auf einem Aschenhaufen und schabt sich mit einer Scherbe seine schrecklichen Wunden. In großer Verzweiflung stöhnt Hiob: „Ich habe vergeblich gearbeitet, und elender Nächte sind mir viel geworden. Wenn ich mich legte, sprach ich: Wann werde ich aufstehen? Und der Abend ward mir lang; ich wälzte mich und wurde des satt bis zur Dämmerung. Mein Fleisch ist um und um wurmig und kotig; meine Haut ist verschrumpft und zunichte geworden. Warum hast du mich aus dem Mutterleib kommen lassen? Ach, daß ich wäre umgekommen, und mich nie ein Auge gesehen hätte.

Ach, daß du mich in der Hölle verdecktest und verbärgest, bis sich dein Zorn legte, und setztest mir ein Ziel, daß du an mich dächtest."

Und doch kann dieser so geplagte und geschundene Mann ausrufen: „Ich weiß, daß mein Erlöser lebt!" Aus dieser Gewißheit nimmt Hiob die Kraft, seine entsetzliche Krankheit zu tragen. Mitten in der Bedrängnis erfährt er göttlichen Trost.

Ich war so in meine Lektüre vertieft, daß ich den Schaffner als störend empfand. Er kam, um die Fahrkarten zu kontrollieren, und diesen Augenblick nutzte mein Gegenüber. Ohne Umschweife legte er los: „Ich sehe, Sie lesen die Bibel? Wie können Sie in unserer modernen Zeit sich noch mit solch alten, längst überholten Geschichten beschäftigen? Die Bibel ist voller Irrtümer, das beweist die Wissenschaft. Für einen denkenden Menschen ist dieser alte Schmöker indiskutabel und trägt zur Volksverdummung bei."

Sogleich machte er sich an die Arbeit, mir die vermeintlichen Fehler aufzudecken. Mein Gesprächspartner war ein aufgeweckter, intelligenter junger Mann. Philosophie, Theaterwissenschaften und Germanistik studierte er an der Universität in München. Bald würde er sein Examen machen, wie er mir sagte.

Deshalb wunderte es mich schon, wie ein solch kluger Mensch derart unqualifizierte Aussagen machen konnte. Er entpuppte sich als ein Spötter und zog die Bibel regelrecht in den Schmutz. Auf ein Rededuell wollte ich mich mit ihm nicht einlassen. Dieses Vergnügen würde ich ihm auf keinen Fall bereiten. Was hätte ich auch auf all seine vielen Einwände sagen sollen? Mir war auch klar, daß die Bibel gar keine Verteidigung braucht. Sie ist Gottes heiliges Wort, zwar von Menschen geschrieben, aber doch in ihren Aussagen unverbrüchlich und wahrhaftig. Bis auf den heutigen Tag hat sie alle Angriffe von Gotteslästerern und Atheisten überstanden.

So wartete ich geduldig, bis der Student sein Pulver verschossen hatte. Je ruhiger ich mich verhielt, desto lauter wurde er. Als er merkte, daß er mich mit seinen heftigen Angriffen auf die Bibel nicht beeindrucken konnte, schwieg auch er.

Jetzt aber tat ich den Mund auf.

„Sehen Sie, so wie Sie habe ich auch einmal gedacht: Vielleicht mag die Bibel für alte Leute einen gewissen Trost beinhalten, die doch bald sterben müssen. Aber für junge Menschen, die mit beiden Beinen im Leben stehen, ist sie bedeutungslos. Aber dann lernte ich Christen kennen. Sie nahmen uns in ihr Haus auf, als wir heimatlos auf den Straßen Deutschlands umherirrten. Sie gaben uns ein Dach über dem Kopf, zeigten uns ihre Liebe, schafften sogar für unsere Pferde, mit denen wir uns auf die lange Fluchtreise begeben hatten, Platz in ihrem Stall. Diese Menschen lebten, was sie glaubten, und das beeindruckte mich tief. Sie teilten nicht nur ihre Wohnung mit uns, sondern auch ihr Brot. Wie oft fand meine Mutter eine Schale Kochkäse oder eine Kanne Milch auf unserem Küchentisch. Wer Hunger kennt, weiß, was solche Lebensmittel bedeuten. Sie retten das Leben und geben Hoffnung.

Weihnachten luden sie uns ein, und wir feierten Christnacht mitten in unserem Elend. Durch unseren Hauswirt bin ich mit dem Evangelium in Berührung gekommen. Manchmal denke ich: Man muß wohl erst heimatlos geworden sein, um zu ermessen, was es bedeutet, bei Christus Heimat und Geborgenheit zu finden. Dies war der schönste Tag meines Lebens, als mir das Geheimnis aufging: Jesus will mit mir einen Bund schließen, der von seiner Seite aus nie gebrochen wird. In der Stunde meiner Bekehrung wurde der Grund für eine neue Gottesbeziehung gelegt, und seitdem begleitet mich die Bibel in guten wie in bösen Tagen. Wenn die Sonne aufgeht, weiß ich, jetzt ist es Zeit zum Morgengebet und Bibellesen. Jeder Tag scheint mir verloren, an dem ich nicht diese Gemeinschaft mit meinem Herrn suche. Inzwischen habe ich mir die dritte Bibel zulegen müssen, weil die andern durchs viele Lesen so zerfleddert waren. Wie freute ich mich z. B. nach der Geburt eines gesunden Kindes an Psalm 103. Voll Dankbarkeit konnte ich Gott anbeten und zu ihm sprechen: ‚Lobe den Herrn, meine Seele, und vergiß nicht, was er dir Gutes getan hat.'

Oder ich werde an eine Nacht erinnert, in der mir dieses Wort aus Psalm 25 der einzige Trost war. Meine Schwester war lebensgefährlich durch ein Zugunglück verletzt worden. Die Losung lautete: ‚Wende dich zu mir und sei mir gnädig; denn ich bin einsam und elend. Die Angst meines Herzens ist groß; führe mich aus meinen Nöten!' Ich wußte, der Herr würde für meine Schwester und für mich sorgen. Gewiß, dieses Vertrauen wurde oft auf die Probe gestellt, denn meine Schwester mußte zwei Jahre und acht

Monate in der Klinik zubringen. Seit diesem Unfall ist sie Rollstuhlfahrerin, weil ihr beide Beine abgequetscht wurden. Jung war sie, gerade 36 Jahre alt und Mutter zweier Kinder. Das ist kein leichtes Schicksal, das sie zu tragen hat.

Wenn meine Kinder das Haus verließen, um im Ausland zu studieren, erbat ich mir innere Ruhe durch das Wort aus Psalm 139: ‚Von allen Seiten umgibst du mich, Herr, und hältst deine Hand über mir.‘ Unter dem Geleit Gottes konnte ich meine Kinder fröhlich ziehen lassen.

Sogar mitten im Todesgrauen beweist die Bibel ihren Trost und Zuspruch. Mein Vater lag sterbenskrank in seinem Bett. Ich war zu ihm geeilt, um ihm beizustehen. So hielt ich seine Hand — und es ist schon ein eigenartiges, wehes Gefühl, zum letzten Mal die warme Hand meines Vaters zu spüren — und las ihm zur Stärkung Psalm 23 vor. Wie gewinnen solche Worte angesichts des Todes an Bedeutung: ‚Und ob ich schon wanderte im finstern Tal, fürchte ich kein Unglück, denn du, Gott, bist bei mir.‘ Diese Erfahrung muß man selbst gemacht haben, um die Größe und Macht der Bibel zu ermessen. Mitten im Dunkel strahlt das helle Licht des Evangeliums auf, der Glanz Gottes bricht an und die Ewigkeit erfüllt unser armes, geschundenes Dasein.

Ich weiß um Angst, ich weiß um Grauen, ich kenne die Verzweiflung, aber immer ist Gott größer und reißt mich aus aller Bedrängnis.

Aber auch in ganz alltäglichen Dingen spricht Gott zu mir. Wenn ich in meinem Garten die Erdbeeren pflücke, oder die Salatköpfe hereinhole, oder die Möhren ernte, danke ich meinem Schöpfer für die reiche Ernte und singe ihm zu Ehren ein Lied, so wie ich im Psalm 28, 7 b aufgefordert werde: ‚Und mein Herz ist fröhlich, und ich will ihm danken mit meinem Lied!‘

Immer wenn ich eine Reise antrete, stärke ich mich durch ein Bibelwort und stelle mich unter den Schutz Gottes. Ich wäre ein sehr armer Mensch, wenn mir die Bibel genommen würde. Sie ist mir ein wertvoller Schatz und eine hoffnungsvolle Stärkung für mein Leben."

Es war ein langes Gespräch, das ich da im Zug mit meinem Reisebegleiter führte. Meine Müdigkeit war vergessen, und die Zeit verging wie im Flug. Noch nie bin ich so schnell von Ansbach nach Frankfurt gekommen. Plötzlich ertönte durch den Lautsprecher eine Ansage: „In wenigen Minuten erreichen wir Frankfurt."

Dort mußte der Student aussteigen. Er zog sich seine braune Lederjacke an, nahm seine Reisetasche, bedankte sich für das helfende Gespräch, drückte mir fest die Hand und sagte: „Sie haben mir mit Ihren Ausführungen über die Bibel sehr gutgetan. Wenn Sie heute abend Ihr Abendgebet sprechen, dann schließen Sie mich bitte mit ein! Ich werde noch lange über Ihre Worte nachdenken müssen."

Mich hat diese Fahrt sehr glücklich gemacht. Gott hat mir die Chance eingeräumt, von ihm zu zeugen, und ich habe sie nutzen können. Nein, die Bibel ist nicht veraltet, sie ist Gottes Wort in meine Lage hinein, voller Kraft, Hoffnung und Freude.

Gedanken zum Ewigkeitssonntag

Offenbarung 21, 1 — 7

Und ich sah einen neuen Himmel und eine neue Erde; denn der erste Himmel und die erste Erde verging, und das Meer ist nicht mehr.

Und ich, Johannes, sah die heilige Stadt, das neue Jerusalem, von Gott aus dem Himmel herabfahren, bereitet wie eine geschmückte Braut ihrem Mann.

Und ich hörte eine große Stimme von dem Stuhl, die sprach: Siehe da, die Hütte Gottes bei den Menschen! Und er wird bei ihnen wohnen, und sie werden sein Volk sein, und er selbst, Gott mit ihnen, wird ihr Gott sein;

und Gott wird abwischen alle Tränen von ihren Augen, und der Tod wird nicht mehr sein, noch Leid noch Geschrei noch Schmerz wird mehr sein; denn das Erste ist vergangen.

Und der auf dem Stuhl saß, sprach: Siehe, ich mache alles neu! Und er spricht zu mir: Schreibe; denn diese Worte sind wahrhaftig und gewiß!

Und er sprach zu mir: Es ist geschehen. Ich bin das A und das O, der Anfang und das Ende. Ich will dem Durstigen geben von dem Brunnen des lebendigen Wassers umsonst.

Wer überwindet, der wird es alles ererben, und ich werde sein Gott sein, und er wird mein Sohn sein.

Glaubensgewißheit im Leben und Sterben

Vor mir liegt die Todesanzeige eines kleinen, vierjährigen Jungen. Benjamin ist sein Name. Als es zum Sterben ging und die wuchernden Krebszellen ihm schreckliche Not bereiteten, konnten sich die Eltern ihrer Tränen nicht erwehren. „Papa, Mama, warum weint ihr denn? Ich gehe doch zum Herrn Jesus in den Himmel."

Das gab den Eltern einen solch starken Trost, daß sie über die Todesanzeige folgenden Vers setzten: „Sollt ich nun nicht fröhlich sein, ich beglücktes Schäfelein?

Denn nach diesen schönen Tagen werd ich endlich heimgetragen in des Hirten Arm und Schoß.

Amen, ja, mein Glück ist groß!"

Wir feiern heute den Ewigkeitssonntag. Mit Bedacht habe ich diesen Text aus Offenbarung 21 gewählt. Wir brauchen im Leben und erst recht im Sterben den Trost Christi, denn seine Nähe erfüllt uns auch in Stunden höchster Bedrängnis mit Frieden. Wenn es darauf ankommt, will Christus an unserer Seite stehen und uns die Augen für seine neue Welt öffnen. Das ist Glaubensgewißheit, wenn wir das Wunder des neuen Himmels und der neuen Erde begreifen. Es ist so, als kämen wir aus dem Staunen nicht mehr heraus. Unsere Traurigkeit, unsere Angst, unsere Verzweiflung darf sich in Hoffnung verwandeln, weil diese leidgetränkte Erde für uns Christen nicht das Letzte sein wird. Auf uns wartet eine Zukunft, so schön und herrlich, daß wir sie uns gar nicht vorstellen können. Solche Hoffnung stärkt uns, diesem großen Tag froh und erwartungsvoll entgegen zu gehen. Sie überstrahlt unseren oft grauen und bedrückenden Alltag und verleiht ihm Glanz. Es ist die alles erneuernde und verändernde Gegenwart Jesu Christi. Es ist das Leben selbst, Leben in Herrlichkeit.

Als der Vater des großen Theologen Adolf Schlatter im Sterben lag, wollte ihm ein Bruder Trost zusprechen und sagte, daß er nun bald in den goldenen Gassen des himmlischen Jerusalems weilen und über das kristallene Meer schauen werde. Da fuhr ihn der Sterbende zornig an und rief: „Weg mit dem Plunder! Mich verlangt nur, am Halse des Vaters zu hängen."

Das ist siegesgewisse Hoffnung. Angesichts dieser Tatsache können wir die Last unseres beschwerlichen Heute tragen und freuen uns jetzt schon auf das ewige Morgen.

Das erlebte auch Johannes Busch, der Jugendpfarrer aus Witten. Er sprach kurz nach dem Krieg auf dem Kirchentag in Stuttgart. Der Abend war schon angebrochen, und die schwarzen Ruinen des neuen Schlosses bildeten die bedrückende Kulisse, vor der er die Kundgebung hielt. Die Fassade war herabgebröckelt, alles sah trostlos aus. In die leeren, gähnenden Fensterlöcher waren Fackeln gesteckt worden, die alles gespenstisch erleuchteten. Die schreckliche Zerstörung der Stadt durch den Bombenabwurf im zweiten Weltkrieg wurde zum Bild für die Schwere des Leids, das der Pfarrer zu tragen hatte. Wenige Wochen zuvor war ihm mitten aus seiner großen Kinderschar seine geliebte Frau durch den Tod genommen worden. Angesichts der verheerenden Leere, die er empfand, rief er in die Menge der Kirchentagsbesucher hinein: „Wenn ich an manchem Morgen aufwache, dann stehen die Sorgen und die Trauergeister wie eine dichte Mauer um mein Bett. Sie wollen mir allen Mut für den Tag nehmen. Und dann rufe ich:

‚Weicht ihr Trauergeister!
Denn mein Freudenmeister, Jesus, tritt herein.
Denen, die Gott lieben,
muß auch ihr Betrüben lauter Freude sein.'

Und dann kann ich mit Jesus den Tag beginnen."

Inmitten unserer bedrohlichen Welt dürfen wir wissen: Es gibt einen neuen Himmel und eine neue Erde, wo Gerechtigkeit, Freude und Frieden wohnen. Als Vorgeschmack auf diese Herrlichkeit gibt sich uns Jesus als Heiland und Herr. Wer kann dieses Wunder begreifen?

Der Gottessohn will Gemeinschaft mit uns Menschen haben. Nichts ist ihm wichtiger, als daß wir eine ganz enge Verbindung mit ihm eingehen. Unser Leben soll bei ihm Sinn und Erfüllung finden und einmal vollendet werden. Darum ist es das Ziel für uns Christen, daß wir uns zum großen Tag Christi rüsten.

Ich erinnere mich noch ganz genau daran, wie mir als junger Mensch diese erste Begegnung mit Christus geschenkt wurde und ich auf die Spur des neuen Lebens, das auch zugleich der Beginn des ewigen Lebens ist, gebracht wurde.

Unsere Flucht aus dem Osten endete damit, daß wir über viele Jahre in äußerster Armut und unter der Bedrängnis der Heimatlosigkeit leben mußten. Ich litt sehr darunter, und die Frage nach dem Sinn des Daseins brach mit aller Gewalt in mir auf. In dieser notvollen Zeit wurde ich von Christen zu einer Tagung eingeladen. Ich hatte mir vorgestellt, daß wir mit andern jungen Menschen Debatten führten, Wanderungen unternähmen, Spiele machten, und nun war ich in einen Kreis von fast hundert Leuten geraten, die sich ausschließlich mit der Bibel beschäftigten. Ich dachte, das kann doch gar nicht wahr sein, daß junge Männer und Mädchen sich nur mit der Bibel auseinandersetzen. Die Bibel mag für alte Menschen Bedeutung haben, aber doch nicht für junges Volk.

Ich war sehr unglücklich in jenen Tagen, bis ich merkte, daß diese jungen Menschen etwas hatten, was mir fehlte: die Geborgenheit in Gott. Als einmal das Lied mit dem Refrain gesungen wurde: „Es ist das Kreuz auf Golgatha Heimat für Heimatlose", da zog es mich mit Macht hin zu Gott.

Es war eine entscheidende Stunde, als mir der Pfarrer ein Wort von Gott auf den Weg mitgab: „Ich will mich mit dir verloben in Ewigkeit; ich will mich mit dir verloben in Gerechtigkeit und Gericht, in Gnade und Barmherzigkeit.

Ja, im Glauben will ich mich mit dir verloben, und du wirst den Herrn erkennen."

Am Bild der Ehe machte mir der Pfarrer klar, daß Gott so sehr an meinem Leben interessiert ist, daß er einen Bund mit mir eingeht, der von seiner Seite nie aufgelöst wird. Gott setzt alles dran, um mich an sein Ziel zu bringen.

Dieses Wort ist in all den Jahren mit mir gegangen. Das war der Beginn von Gottes machtvollem Eingreifen in mein kümmerliches Dasein. Plötzlich war ich nicht mehr das arme, leidende Flüchtlingsmädchen, obwohl ich in die elenden, erbärmlichen alten Verhältnisse zurückging, sondern Gottes Kind, das sich beim Vater im Himmel angenommen und geliebt wußte. Ich kann gar nicht mehr sagen, wie glücklich ich war, als ich Gottes Adel an mir trug und nicht mehr unter dem Makel eines Zigeunerlebens zu leiden hatte. Mitten in aller Not und Zerrüttung hatte ich Gottes Hand ergriffen, der wie ein Fels in der Brandung stand, und hatte zu seiner Herrlichkeit Zuflucht genommen. Im Kreuz des Herrn Jesu war jetzt mein neues Zuhause, und ich konnte dankbar und froh in das Lied mit einstimmen: „Es ist das Kreuz auf Golgatha Heimat für Heimatlose."

Mit 16 Jahren habe ich begriffen: Es gibt einen Bergungsort, dahin ich fliehen kann. Es gibt bei Jesus ein Zuhause, das mir niemand nehmen wird.

Paulus drückt diesen Tatbestand in einem treffenden Bild aus: „Wir aber haben solchen Schatz in irdenen Gefäßen."

Unser Leben gleicht einem solchen irdenen Gefäß mit vielen Rissen und Sprüngen. Es ist unansehnlich, oft zerbrechlich und angeschlagen. Und doch gibt sich Jesus als Schatz in unser Elend. Ich will dazu ein Beispiel erzählen, das zum Schmunzeln veranlaßt.

In meinem grauen Lodenmantel stehe ich auf einem Bahnhof und warte auf die Abfahrt des Zuges. In meinen Koffern und Taschen steckt viel Geld, das mir die Frauen aus den verschiedenen Kreisen, die ich besucht hatte, als Opfer für die Telefonseelsorge und Mission mitgegeben haben. Es ist eisig kalt und zugig zudem, und so binde ich mir das rote Kopftuch fest um. Plötzlich beginnt der Prediger, der mich bis auf den Bahnsteig begleitet hat, ein Gespräch.

„Frau Bormuth, was bin ich so froh, daß man es Ihnen nicht ansieht, wieviel Geld Sie in Ihrem Gepäck verstaut haben, sonst müßte ich mir Sorgen machen, ob Sie auch gut zu Hause ankommen. Wissen Sie, Ihnen geht es wie Marco Polo, diesem berühmten Abenteurer und Entdecker. Einmal kam er in eine Stadt, in der ihn niemand kannte. Er wurde nach seinem Namen gefragt, aber keiner glaubte ihm, daß er der große, berühmte Mann sei. ‚Nein, in Ihrem schäbigen Mantel, da sind Sie nie und nimmer der weltberühmte Forscher.'

‚Doch, ich werde es euch beweisen, daß ich Marco Polo bin', und dabei öffnete er seinen abgetragenen Mantel und zeigte ihnen die vielen Diamanten und Edelsteine, die im Futter eingenäht waren. Es glitzerte und glänzte nur so. Die umstehenden Leute staunten und glaubten nun, daß sie den großen Entdecker und Forscher vor sich sahen."

So geht es auch uns. Von außen sieht es uns niemand an, daß wir Gottes geachtete Leute sind. Wir sind nicht arm, sondern in Christus reiche Menschen. Wir tragen Jesus als Schatz in unseren Herzen und warten auf seine Herrlichkeit. Der neue Himmel und die neue Erde sind schon im Anbruch.

Die Wohnstatt Gottes bei uns Menschen ist Wirklichkeit geworden. Wir dürfen sein Volk sein, und Gott will unser Herr sein.

Gewiß, noch leiden wir an unserer Unvollkommenheit. Wer sich nur ein klein wenig kennt, weiß um seine Versuchlichkeit und Neigung zur Sünde. Es ist wahr, was Paulus schreibt: „Denn das Gute, das ich will, das tue ich nicht; sondern das Böse, das ich nicht will, das tue ich. Ich elender Mensch, wer wird mich erlösen von dem Leibe dieses Todes?"

Noch peinigen uns Krankheit und Tod. Wieviele Wunden werden uns im Leben geschlagen? Hannelore Risch schreibt in einem Buch:

„Seit der Trennung von Gott sind wir Verletzte und Verletzende, Gekränkte und Kränkende, Getretene und Tretende, Ungeliebte und Lieblose, Verachtete und über andere verächtlich Denkende. Wir verletzen auch Gott und enttäuschen seine Liebe. Darum hat Gott in seinem unstillbaren Verlangen nach uns Menschen einen Heilsplan für uns Menschen geschaffen. Sein Ziel ist Gesundung und Erneuerung des ganzen Menschen."

In unser Elend hinein läßt uns Johannes, der Seher von Patmos, einen Blick in Gottes Herrlichkeit tun. Schrittweise offenbart er uns seine Wohltaten. Unser Leid ist bei Gott bekannt. Wir werden zwar mit Tränen in den Augen bei ihm in der neuen Welt ankommen. Aber dann wird sie der Herr selbst mit zarter, sachter Hand von unsern Augen wischen. Der Tod wird seine Gewalt über uns verlieren. Kein Leid, kein Schmerz, kein Geschrei werden uns quälen. Gott macht alles neu. Jesus selbst hat als erster diese innere Erneuerung erfahren. Als es auf dem Hügel Golgatha ganz Nacht wurde und der Schrei des Heilandes über die gaffende Menschenmenge drang: „Mein Gott, mein Gott, warum hast du mich verlassen?" da hatte Gott schon den Auferstehungsmorgen unseres Erlösers ins Auge gefaßt. An Ostern hat der Tod seine Macht verloren, und deshalb feiern wir Ewigkeitssonntag. Da brach neues Leben, da brach Herrlichkeit an. Mit dieser Glaubensgewißheit läßt es sich gut leben und getrost sterben. Mit einem persönlichen Zeugnis möchte ich schließen und füge einen Brief an, den ich in einer anfechtungsreicher Stunde an meinen Vater schrieb:

„Mein lieber Vater!

Nun ist das doch geschehen, was wir alle befürchtet hatten. Die Diagnose des Arztes lautet: Dein Leiden ist unheilbar. Diese Nachricht hat mich tief erschüttert, und ich war sehr verzweifelt. Aber wer sind wir, daß wir mit Gott hadern dürften? Er hat uns ins Leben gerufen, und in seiner

Macht liegt es, Zeit und Stunde für unseren Tod zu bestimmen. Deshalb wollen wir uns unter seine gewaltige Hand beugen und ja sagen lernen zu Schlägen, die uns wie ein Blitzstrahl treffen und uns in Angst und Schrecken versetzen.

Für Dich, mein lieber Vater, hat nun die letzte Wegstrecke begonnen, und sie wird sehr steil werden. Der Arzt steht machtlos vor der zerstörerischen Wirkung des Krebses. Es ist schwer für mich, Dir etwas Tröstendes in Deine Lage hinein zu sagen. Menschenwort muß angesichts des Todes im leeren Raum verhallen. Oft verletzt es mehr, als daß es helfen könnte. Der Tod ist der letzte Feind des Menschen. Das ist harte Wirklichkeit, die durch nichts beschönigt werden kann.

Aber hat nicht doch einer, Jesus Christus, dem Tode die Macht genommen und Leben, ewiges Leben für alle, die an ihn glauben, geschaffen?

Du wirst in Deiner letzten Stunde sehr einsam sein. Wir werden zwar versuchen, so weit es möglich ist, Dich zu begleiten, aber muß nicht jeder für sich ganz allein sterben? Dieser Gedanke ist für mich fast unerträglich und doch wahr. Ich wurde an Jesus, den Sohn Gottes, erinnert, wie er darunter litt, als er sterben mußte. Wie hat er im Garten Gethsemane gerungen und gekämpft, zumal die Sündenlast einer ganzen Welt auf ihm lag! Er hat bis in die letzten Tiefen auskosten müssen, was es heißt, dem Tode preisgegeben zu sein.

Ich ahne ein wenig, wie schwer es Dir werden wird, mit dieser unabänderlichen Wegführung einverstanden zu sein. Selten warst Du krank, und Deine Schaffenskraft war uns oft ein Vorbild. Aber hat nicht alles seine Zeit – Pflanzen und Ausrotten, Geborenwerden und Sterben – wie es in der Bibel heißt?

Deshalb möchte ich Dich bitten, ja zu sagen zu Gottes Willen und das Leiden anzunehmen in der Gewißheit, daß es zuerst in Gottes Hand gewogen wurde. Und ist das andere nicht auch tröstlich, daß Jesus Dich in Deiner Not versteht? Er ist Dir vorausgegangen und hat alle Bitterkeit an seinem eigenen Leibe auskosten müssen. Er ging für uns durch das Tal des Todes, als er am Kreuz auf Golgatha starb. Deshalb gibt es keine Lage, in der uns Jesus nicht verstehen könnte. Er will Dir nahe sein und Dir als Freund und Helfer die Hand reichen. Jesus versteht Dich und wird Dich auch auf Deiner letzten Wegstrecke geleiten. Klammere Dich an Jesus, Vater, hänge Dich fest an ihn, er wird Dich durch den Tod hindurchführen und Dich in seine neue Welt mit hineinnehmen. Dort gibt es dann keine wuchernden Krebszellen mehr, keine Schmerzen, keine Atemnot, kein Grauen und Erschrecken. Jesus ist auferstanden. Das Grab, in das ihn seine Jünger gelegt haben, ist leer. Er lebt und will alle, die sich ihm anvertrauen, mit hineinnehmen in seine neue Welt. Der Tod ist zwar der letzte Feind, so wie ich es am Anfang schon schrieb; aber seit diesem wunderbaren Auferstehungsmorgen an Ostern ist er für alle, die an Jesus glauben, Durchgang in die neue Welt Gottes.

Es fällt mir nicht leicht, von Dir Abschied zu nehmen. Viel Schönes hat uns eng miteinander verbunden. Nun wird alles jäh abgebrochen werden. Aber ich tue es in der festen Gewißheit, daß der Glaube an Jesus Christus uns den neuen Himmel und die neue Erde erschließt. Wir werden dann bei Jesus sein, alle Zeit. Unsere Tränen wird er selber abwischen und trocknen. Alles Leiden wird vorüber sein. Wir werden uns freuen, und alles, was uns hier unten so beschweren wollte, wird von uns abfallen. Wir werden Jesus von Angesicht zu Angesicht in seiner Schöne sehen. Sollte Dir, lieber Vater, dieser Ausblick nicht Mut geben, Dich an Jesus zu klammern und an ihm festzuhalten? Er ist treu. Er wird Dich nicht enttäuschen. Das ist Hoffnung angesichts des Todes.

Sei nun ganz lieb von mir gegrüßt. Deine Lotte"

Hormersdorf —
eine Stätte, da Gott wohnt

Als ich die Einladung zum Bezirksfrauentag aus Hormersdorf in Händen hielt, freute sich mein Mann mit mir. „Du wirst staunen, wenn du in diesen Ort fährst. Da gibt es viele treue, lebendige Christen." Ja, ich lernte das Staunen. Schon die Begegnung mit Schwester Christa wurde für mich zu einem frohen Erleben. Wir wußten uns eins in Christus. Der Dienst an den Frauen verband uns miteinander. Ihre Gastfreundschaft war bewundernswert. In ihrer hübschen, kleinen, geschmackvoll eingerichteten Wohnung stellte sie mir ihr Schlafzimmer zur Verfügung, und sie selbst wich auf eine Matratze aus. Ihre Selbstlosigkeit berührte mich. Bestens wurde ich versorgt. Getränke standen auf dem Tisch, und an Obst mangelte es auch nicht. Sogar ihre Dusche durfte ich ausprobieren. Sie war noch fast neu. Wie zu Hause konnte ich mich in Hormersdorf fühlen.

Außerdem wurde mir noch eine besondere Wohltat zuteil. Dieser Ort hat große Chöre. Zwei habe ich gleich am ersten Abend erleben dürfen. Zuerst übte der Posaunenchor und dann der Gemischte Chor. Unter himmlischen Klängen ging ich zu Bett. Nur ganz selten kommt mir dieses Vorrecht zugute. Fröhlich, voller Zuversicht brachte mich dann Schwester Christa mit ihrem Trabi nach Annaberg. Manchmal blieb sie am Straßenrand stehen und zeigte mir die Sehenswürdigkeiten des Erzgebirges. Gott muß die Leute dort in dieser Region besonders lieb haben, daß er ihnen ein solch herrliches Fleckchen Erde beschert hat. Das

Erzgebirge ist wahrhaft eine Reise wert. Ich jedenfalls konnte mich nicht sattsehen an der Schönheit der Berge, Täler und Wälder.

Aber ich will ja vom Frauentag in der Region Hormersdorf berichten, der für mich zu einem geistlichen Erlebnis wurde. Dort in Hormersdorf habe ich umdenken gelernt. Wie oft meinen wir im Westen, wir könnten unseren Glaubensgeschwistern im Osten etwas vermitteln. Hier wurde ich eines Besseren belehrt. Ich war die Beschenkte, und die Frauen aus Hormersdorf und Umgebung haben mir sehr wohlgetan. Ich habe neu gelernt, wie Reich Gottes gebaut wird, und ihr Einsatz ist mir ein Vorbild. Solch einen Frauentag hatte ich noch nie erlebt.

Schwester Christa brachte mich nach Auerbach. Dort wollten wir uns an diesem Nachmittag treffen. Ich stieg aus dem Trabi und wurde sogleich von Posaunenklängen begrüßt. Schon eine Stunde vor Beginn der Veranstaltung hatten sich die Bläser vor dem Gemeinschaftshaus eingefunden und bliesen Choräle, geistliche Lieder und Volksmusik. Da blieb mir vor Staunen fast der Mund offen. In einer Runde standen jüngere und ältere Männer zusammen, und das an einem Samstag, wo sicher jeder genug Arbeit zu Hause gehabt hätte, denn drüben in den neuen Bundesländern wird viel gebaut und renoviert. Aber die Posaunenbläser waren erschienen, um uns auf die Verkündigung einzustimmen und auch die letzte Frau aus ihrer Küche oder dem Garten zu holen. Das sei nur die Hälfte des Chores, die andere Hälfte sei mit den Autos unterwegs, um Frauen aus der Umgebung heranzubringen, wurde mir erzählt.

Und dann rollte Wagen um Wagen heran und entlud die wertvolle, teure Last. Im Nu war der Saal gefüllt. Gartenbänke und Küchenstühle, Campinghocker und Korbsessel wurden aus den Häusern geholt, damit für jeden ein Platz gesichert war. Wer saß, mußte sitzenbleiben, denn Gänge zum Hin- und Herlaufen gab es nicht. Alles war mit Sitzgelegenheit zugestellt. Der Büchertisch wurde draußen vor dem Eingang aufgebaut. Welch ein Glück, daß es windstill war und dazu noch die Sonne schien. Ein Frauenchor umrahmte die Verkündigung mit ausdrucksstarken Liedern. Am meisten aber beeindruckte mich die Gebetsgemeinschaft. Ich hätte nicht gedacht, daß bei über 260 Besuchern ein solch fröhliches, ermutigendes Beten möglich ist. Wir lobten Gott, brachten ihm unseren Dank und unsere Anbetung, sagten ihm unsere Nöte und Sorgen und wurden in unseren Herzen vom Geist Gottes berührt. Jesus war als der liebste Gast in unserer Mitte. Ich staunte auch darüber, wie aufmerksam die Zuhörerinnen meinen Ausführungen lauschten. Gleich zwei Vorträge hatte ich an diesem Nachmittag zu halten. Es wurde gelacht und geweint, denn beides klang an diesem Tag an: unser Elend und Gottes Hoffnung.

Zum Schluß wurde noch ein Opfer eingesammelt. Es war für die Fertigstellung des Gemeinschaftshauses in Hormersdorf bestimmt. In Eigenleistung wird diese Gottesstätte gebaut. Im nächsten Jahr soll der Frauentag in den neuerrichteten Räumen stattfinden. Dann hat die bedrängende Enge ein Ende. Es wird ein sehr schöner Saal sein, das läßt der Rohbau jetzt schon erkennen.

Aber bis zur Einweihung im Sommer 93 wird es noch manche Schwielen an den Händen geben, und der Schweiß wird von der Stirn tropfen.

Es ist für mich ein einzigartiges Erleben wie zu Zeiten von Nehemia, als Jerusalem aus den Trümmern auferbaut wurde. Auch damals ermutigten sich die Bauleute gegenseitig: „Kommt, laßt uns die Mauern Jerusalems bauen!"

Und Gott wirkte Einmütigkeit und stärkte ihre Hände zum Guten.

Vanessa

Ich bin heute morgen sehr betrübt. Erst vor sechs Wochen war Vanessa in unser Haus eingezogen, nachdem sie an der Wohnungsnot in Marburg fast verzweifelt war. Von Makler zu Makler war sie gelaufen, um ein Dach über dem Kopf zu finden. Aber die Lage auf dem freien Wohnungsmarkt war katastrophal, und die Studentenheime hatten Wartelisten ausgelegt, auf denen 200 Bewerber bei nur 36 zu vergebenden Zimmern standen. Mir tat die junge Frau leid, als sie bei uns anrief und nach einer Studentenbude fragte. So überredete ich meinen Mann, die junge Dame in unserem Gästezimmer aufzunehmen. Es liegt zwar in unserem Wohnbereich und grenzt an unser Schlafzimmer, aber wenn wir gegenseitig Rücksicht nehmen würden, müßte es gehen. Ich wußte, Vanessa würde sich gut in alles einfügen, und damit hatte ich recht. Sie schlich auf leisen Sohlen durchs Haus, und wenn sie Radio hörte, benutzte sie entweder Kopfhörer oder stellt den Ton sehr leise ein.

Vanessa kam und richtete sich ihre Behausung freundlich und nett ein. Die Studentin zeigte Geschmack. Die Farben waren gut aufeinander abgestimmt. An den Wänden hingen herrliche Bilder, die zum Teil selbst gemalt waren. Ein ovaler Spiegel, Kerzenständer, Blumen und bunte Kissen gaben dem Zimmer eine gemütliche Atmosphäre. In ihrer Art war sie sehr bescheiden und höflich. Als sie mal übers Wochenende Freunde besuchte, heftete sie einen Zettel an ihre Tür: „Liebe Frau Bormuth, ich bin in Frankfurt und komme erst am Montag wieder. Ich wünsche Ihnen ein schönes Wochenende. Tschüß! Ihre Vanessa."

Dieser kleine blaue Zettel spiegelte ein Stück Vertrauen wider, und so war er mir wertvoll. Ich gewann den Eindruck, als hätte ich zu meinen fünf Kindern ein sechstes dazubekommen. Zurückhaltend, liebenswert, zuvorkommend, aber etwas scheu, so begegnete sie mir.

Gestern abend trafen wir uns auf dem Flur. „Kann ich Sie einen Augenblick sprechen?" fragte sie schüchtern.

„Kommen Sie nur zu mir ins Arbeitszimmer. Ich habe gerade eine Teepause eingelegt. Trinken Sie eine Tasse mit mir?"

„Leider habe ich nicht viel Zeit, ich muß noch mal in die Stadt. Aber ich will Ihnen sagen, daß ich in der nächsten Zeit nicht hier sein werde. Ich komme gerade von der Ärztin. Sie hat mich in die Nervenklinik eingewiesen. Ich habe Eßstörungen, und sie sollen stationär behandelt werden." Hastig kommen ihr diese Worte über die Lippen. Sollte diese nette, hübsche, junge Dame etwa magersüchtig sein? Erst jetzt fällt mir auf, wie blaß und schmal sie aussieht. Ihr dicker, grauer Pullover reicht weit über die Jeans. So ist mir ihre wahre Körperfigur verdeckt geblieben.

„Vanessa", nehme ich sie in die Arme. Weiter bringe ich keinen Satz hervor.

„Nun seien Sie bloß nicht traurig, Frau Bormuth, damit machen Sie mir das Herz noch schwerer. Ich komme doch wieder zurück, sobald es mir besser geht. Vielleicht kann diese Eßstörung dann ambulant weiter behandelt werden. Ich will auf alle Fälle in Marburg bleiben und meine Studien fortsetzen.

Aber jetzt muß ich mich schnell auf den Weg machen. Wissen Sie vielleicht, wo es einen Waschsalon gibt? Ich muß noch unbedingt Bademantel, Unterwäsche und Nachthemden in die Maschine stecken, damit ich etwas Sauberes anzuziehen habe, und die nächste Zeit werde ich nicht nach Hause fahren können."

„Vanessa, lassen Sie Ihre schmutzige Wäsche hier. Ich stecke gleich alles in meine Waschmaschine, und über Nacht können Ihre Sachen im Heizungskeller trocknen."

„Das finde ich nett von Ihnen, vielen Dank! Jetzt habe ich noch Zeit gewonnen, und ich kann Ihnen meine Geschichte erzählen.

Ich war 14 Jahr alt, als zum ersten Mal Eßstörungen bei mir auftraten. Ich wollte schlank, groß und schön sein, am liebsten so wie die jungen Mädchen auf den Titelseiten der Illustrierten. Aber diese Idealfigur blieb mir versagt, wie sehr ich mich auch anstrengte. Klein, dick, abstoßend kam ich mir vor, manchmal wie ein häßliches Entlein. Als ich dann noch an Akne litt, war ich verzweifelt. Meine Freundinnen standen zu mir, warnten mich und sagten: ‚Vanessa, du spinnst! Hör endlich auf zu hungern! Spindeldürr zu sein ist doch kein erstrebenswertes Ziel. Das Zeitalter der Hippieideale ist schon lange vorbei.'

Aber ich hungerte weiter. Meine Mutter machte mir Vorhaltungen bei Tisch. Wie oft gab's wegen des Essens Streit. Ich blieb hartnäckig, und der Erfolg meiner Diäten ließ sich auf der Waage ablesen. Ich erreichte mit meinen Hungerkuren, daß ich plötzlich im Mittelpunkt stand. Sogar Vater kümmerte sich um mich, der sonst nie Zeit für unsere Familie hatte. Als Unternehmer jagte ihn eine Sitzung nach der andern. Sein Betrieb fraß ihn mit Haut und Haaren auf.

Wenn er mal zu Hause war, dann saß er oben in seinem Arbeitszimmer und diktierte Briefe. Meine Mutter machte mir Probleme. So wie sie wollte ich auf keinen Fall werden. Sie war sehr bestimmend, und wenn sie etwas anordnete, dann mußte das immer sofort geschehen. Sie war stolz auf ihre drei Söhne und zwei Töchter. Als ich mir zum ersten Mal meine Haare rot färben ließ, gab es einen heftigen Streit, und meine ausgefransten Blue Jeans landeten in der Mülltonne. Sie hatte so ihre Vorstellungen, wie ich mich als Unternehmertochter kleiden sollte: Lederjacke, Modelle von namhaften Modeschöpfern. Alles sollte gediegen sein und Wohlstand erkennen lassen. Als ich meinen Freund mal nach der Schule mit nach Hause nahm, schlug Mutter die Hände über dem Kopf zusammen. ‚So ein Jüngelchen, auch noch in Jeans und Turnschuhen! Ist er eigentlich schon 18 Jahre? Bei diesem jungen Burschen hat man ja den Eindruck, als klebten ihm noch die Eierschalen hinter den Ohren. Es wird Zeit, daß wir dich mit jungen Leuten aus unseren Kreisen bekannt machen, sonst gerätst du noch an einen armen Schlucker oder Naturburschen.'

Ich fühlte mich Mutter gegenüber unterlegen, gegen sie kam ich nicht an. Wenn Konflikte anstanden, flüchtete ich mich in die Magersucht. Plötzlich versuchten alle, mir Gutes zu tun, und ich stand im Mittelpunkt. Aber ich trieb dieses böse Spiel zu weit und landete in der Nervenklinik. Dort wurde ich mit einer Sonde zwangsernährt. Meist besserte sich mein Zustand. Aber ich lag in 8 Jahren fünfmal in der psychiatrischen Klinik. Ob mir jetzt geholfen werden kann, das weiß ich noch nicht. Aber ich will meinen Willen einsetzen und gesund werden. Ich will nicht ständig im Schatten meiner Geschwister stehen, die in ihrem Studium sehr gut vorankommen. Mein Bruder ist nur ein Jahr älter als ich und wird im nächsten Jahr sein Diplom in Betriebswirtschaft machen. Bei mir ist es nun schon die zweite Ausbildung, die ich beginne. In Bonn hatte ich mit Kunstgeschichte angefangen, aber nach einigen Semestern das Handtuch geworfen. Nun will ich es hier in Marburg mit Psychologie probieren. Meinen Eltern gegenüber habe ich ein schlechtes Gewissen. Sie bezahlen mir das Studium, ich aber zeige keine Leistung. Das macht mir Probleme. Ich möchte auch gerne mit meiner Mutter in Frieden leben, ich mag sie und habe sie lieb, aber diese Einengung und Bevormundung kann ich nicht ertragen. Sie schreibt mir sogar vor, was ich lesen soll und welche Musik für mich geeignet wäre, es fehlt gerade noch, daß sie mir meine Freunde aussucht. Vor meiner Mutter habe ich regelrecht Angst. Dabei meint sie es nicht böse, sie ist eine herzensgute Frau. Wie oft hat sie mir einen Hunderter mehr überwiesen, als mir zustand. Aber sie kann wohl nicht aus ihrer Haut heraus. Manchmal habe ich den Eindruck, daß ihre Erziehung selbst von Angst bestimmt war, und von daher rührt auch der Druck, den sie auf uns Kinder ausübt. Meine Geschwister sind seelisch robuster als ich, mir aber schlägt alles, im wahrsten Sinne des Wortes, auf den Magen. Mutter ist immer auf unsern guten Ruf bedacht. Sie meint, auch damit recht zu haben, denn schließlich sei Vater Direktor einer renommierten Firma.

Ich habe im Grunde nur einen Wunsch an meine Eltern, daß sie mich freigeben und daß sie Zeit für mich haben. Ich würde so gerne mal meine Semesterferien zu Haus verbringen, mich mich Vater unterhalten, Tennis spielen, oder einfach mal spazieren gehen. Aber bei ihm steht die Fabrik an erster Stelle. Ich will keine Reise nach Amerika, ich will keinen Sprachkurs in Spanien, ich will mich an Vaters Arm hängen und einfach im Wald mit ihm herumlaufen, will ihn anschauen und begreifen: Das ist mein Vater, ich bin ihm das Liebste, er kümmert sich um mich. Ich brauche das Gefühl: Ich darf nach Hause kommen, auch wenn ich ein Examen verpatzt habe oder in einer Partnerbeziehung gescheitert bin. Ich bin Kind im Hause meiner Eltern. Wenn mir diese Freiheit und zugleich Geborgenheit geschenkt würde, ich glaube, das Essen würde mir wieder schmecken, und ich brauchte nicht in eine Nervenklinik zur Behandlung."

Tränen standen Vanessa in den Augen.

„Meinen Sie, Frau Bormuth, mir könnte noch geholfen werden?"

Ich nicke still, obwohl es mir schwer ums Herz ist. Ich trage Leid um diese sympathische Studentin.

Als ich sie am nächsten Morgen bis zum Taxi begleite, drücke ich sie fest in die Arme. „Vanessa, ich denke an Sie!"

Aber dieses Erlebnis macht mich unsäglich traurig. Im Grunde ist wenig nötig, um einem Menschen in seinen Nöten zu helfen: Geborgenheit und Liebe. Lebenstüchtigkeit kann nur durch eine warmherzige, liebevolle, konsequente Erziehung in der Kindheit erzielt werden. Sie entsteht im Umgang mit geliebten Menschen, die dem Kind Vorbild sind und Hoffnung vermitteln. Im Gemüt eines

Kindes sollte das Vertrauen sehr früh eingeübt werden, damit die Angst nicht ausufert.

Am nächsten Tag schicke ich ein spannendes Buch in die Klinik und lege noch folgende Spruchkarte dazu: „Von allen Seiten umgibst du mich, Herr, und hältst deine Hand über mir." Bei Gott darf Vanessa heil werden und Hoffnung gewinnen.

Der verpaßte Bahnhof

In Gießen war ich in den D-Zug nach Köln eingestiegen, der mich nach Hagen bringen sollte. Ich hatte das erstbeste Abteil genommen, ohne auf meine Mitreisenden zu achten. Dann war ich aber recht erschrocken, als ich den Fahrgast am Fensterplatz wahrnahm. Er schlief den Schlaf des Gerechten, und bei dieser Gluthitze war es sicher das Erholsamste. Ungepflegt sah der junge Mann aus. Sein gerötetes Gesicht zeigte recht viele Stoppeln, die Haare hingen ihm in fettigen Strähnen ins Gesicht, die Sportschuhe trugen verschiedenartige Schnürbänder, und seine Jeans hätte von selbst den Weg in die Waschmaschine gefunden, so dreckig und speckig war sie. Die Löcher in ihr waren so zahlreich, daß ich mich genierte genauer hinzusehen, ich hätte sonst etwas Peinliches entdecken können. Später ließ ich mich von meinen Kindern belehren, daß dies der neueste Modeschrei sei und der junge Kerl sicher viel Geld für die zerlumpten Hosen hat bezahlen müssen. Je mehr Löcher die Jeans enthalten, desto teurer sind sie.

Was habe ich mich oft abgequält, um die Hosen meiner Kinder zu flicken. Nähen ist nicht gerade mein Hobby. Und wenn ich es mal wieder geschafft hatte, den Flickkorb zu leeren, schauten mich meine Söhne skeptisch an: „Na Mama, meinst du der Flicken auf der Blue Jeans übersteht das nächste Fußballspiel."

Warum nur waren die Löcher damals noch nicht in Mode, manches Kopfzerbrechen wäre mir erspart geblieben und blutige Finger dazu.

Also, von meinem schlampigen, etwas heruntergekommenen Reisegefährten war ich nicht sonderlich erbaut. Im stillen überlegte ich schon, ob ich nicht das Abteil wechseln sollte, denn ich hatte Angst, er könnte sich an der nächsten Station mit meiner Handtasche auf und davon machen. Mein Begleiter war mir nicht ganz geheuer.

Aber gerade, als ich ein Wechseln durchdachte, schlug der Mann die Augen auf. Er hätte es als unhöflich empfinden müssen, wenn ich vor ihm Reißaus genommen hätte. Also blieb ich in meinen Polstern sitzen, zog meinen Reiseproviant hervor und ließ es mir gut schmecken. Durch meinen guten Appetit verführt, holte er zwei Bierdosen aus dem Rucksack. Es war ein heißer Tag, und der Durst war sicher groß.

Der junge Mann begann auch sofort ein Gespräch. „Ich komme gerade von einem Lehrgang. Wissen Sie, ich bin ‚Zivi‘, also Zivildienstleistender. Ich habe an einer Fortbildung teilgenommen. So etwas laß ich mir nie entgehen. Ich bin froh, wenn ich Abstand von meiner schweren Arbeit habe. Ich betreue nämlich einen Querschnittsgelähmten. Er kann nur noch im Rollstuhl sitzen. Ab dem Halswirbel sind alle Glieder gelähmt. Er muß rund um die Uhr versorgt werden. Noch nicht einmal eine Fliege kann er sich von der Nase wegjagen. Das ist ein Elend, sag ich Ihnen, manchmal kann man es kaum aushalten. Wenn Peter wenigstens sterben könnte, aber dazu ist er auch nicht in der Lage. Und ich kann ihm doch nicht eine Überdosis Schlaftabletten geben, sonst werde ich verklagt. Mehrmals schon habe ich überlegt, ob ich dem armen Kerl nicht doch helfen sollte, seine Qual zu beenden, aber die Angst vor einer Verurteilung hat mich bis jetzt davon abgehalten. Ich will ja nicht ein Leben lang im Knast zubringen und mich noch Mörder schimpfen lassen. Das ist doch kein lebenswertes Dasein mehr, wenn man nur noch im Rollstuhl sitzt und andern zur Last fällt! Hier wäre ein Selbstmord wirklich das beste, ja die einzige Lösung dieser Not."

Nun griff ich ein. „Irren Sie da nicht ganz gewaltig? Kein Mensch darf sich das Leben nehmen. Die Stunde des Todes liegt allein in Gottes Hand. Er hat uns ins Leben gerufen, und er bestimmt auch, wann der letzte Atemzug ausgehaucht wird. Machen Sie sich ja nicht unglücklich, und verabreichen Sie nur keine Überdosis an Medikamenten, denn Sie müssen sich nicht allein vor einem weltlichen Gericht verantworten, sondern auch vor Gott!"

„Hören Sie bloß auf, von Gott zu reden!" sagte er ziemlich unwirsch. Und dann schimpfte er auch schon los: „Soll das ein Gott sein, der einen so fitten jungen Sportler an den Rollstuhl fesselt? Das ist doch ein Hundeleben, ein Martyrium! Bei den Kreismeisterschaften hat Peter fast jedes Jahr einen Preis gewonnen, und im Schwimmen konnte ihn keiner aus seinem Ort einholen. Er ist ihnen allen davongekrault, wie ein Delphin. Zu Hause auf dem Wohnzimmerschrank stehen eine Reihe von Pokalen, und an den Wänden hängen Lorbeerkränze und Siegerurkunden. Als Sportler war Peter von seinen Kameraden anerkannt, ja er wurde regelrecht als Star gefeiert.

Und dann passierte eines Nachts der Unfall. Gewiß, es war leichtsinnig, daß er sich auf dem Rücksitz des Mopeds eines Freundes heimfahren ließ. Er selbst hatte sein Auto nicht angerührt, weil sein Sieg im Verein noch lange gefeiert wurde. Aber sein Freund hatte in dieser Nacht auch zu tief ins Glas geschaut. Ob Peter das nicht bemerkt hat? Im angetrunkenen Zustand fuhren die beiden los. In einer Kurve streifte das Moped den Bordstein, fiel zur Seite, und dabei schlug Peter mit dem Kopf an eine Gartenmauer. Dem Fahrer ist gar nichts passiert, der stand auf und wunderte sich, warum Peter liegenblieb. Zum Glück hatte eine Frau den Aufprall gehört, kam herbeigelaufen, und als sie sah, daß der junge Mann bewußtlos war, telefonierte sie schnell nach einem Notarztwagen. Zunächst hofften die Ärzte, sein Leben zu retten, was ihnen auch gelang. Aber die eingetretenen Lähmungserscheinungen ließen sich nicht mehr beheben. Die Rückenmarksverletzungen waren schlimmer, als der Notarzt es zunächst erkannte. Peter bleibt ein Pflegefall.

Wenn Gott Gott ist und Wunder vollbringen kann, dann hätte er diesen fatalen Unfall auch verhindern können. Das ist kein lieber Gott, der so etwas Grausames zuläßt. Hören Sie mir bloß auf, vom lieben Gott zu reden. So ein Geschwafel nervt mich kolossal."

„Nun mal langsam, guter Freund", nutze ich die eingetretene Gesprächspause, „wollen Sie Gott den Leichtsinn eines Mopedfahrers in die Schuhe schieben? Er hat doch genau gewußt, daß man sich im betrunkenen Zustand nicht an ein Steuer setzen darf. Hat Gott denn den Unfall verursacht? Das war großer Unfug, leichtfertiges Handeln eines jungen Mannes. Peter muß nun die Folgen tragen. Gott hat nie und nimmer die Querschnittslähmung gewollt. Das ist Schuld des Freundes, und in seiner Haut möchte ich nicht stecken. Wie sehr wird er Gewissensqualen aushalten. Gott ist nicht ein Puppenspieler, der uns Menschen wie Marionetten an den Fäden zieht. Gott hat uns mit Verstand und freiem Willen begabt. Wir dürfen über unser Leben selbst entscheiden. Gott geht das Risiko ein, daß wir auch unvernünftig handeln können. Aber dann gilt es auch, die Konsequenzen zu tragen. Wir müssen Rechenschaft über unser Tun ablegen. Wir kommen aus Gottes guter Hand, wunderbar hat er uns geschaffen, und unser Leben müssen wir vor ihm verantworten. Wir tun gut daran, wenn wir den Kontakt zu unserem Schöpfer suchen und im Einklang mit seinem Willen unsere Entscheidungen treffen. Kennen Sie Gott? Haben Sie schon eine Beziehung zu ihm aufgebaut?" frage ich.

„Na ja", weicht mein Gegenüber aus, „was heißt hier Gott kennen? Ich war im Konfirmandenunterricht, aber das ist schon lange her. Ab und an habe ich meiner Mutter den Gefallen getan und bin am Heiligabend mit ihr in die Kirche gegangen. Aber sonntags war es bei uns zu Hause nicht üblich, zur Kirche zu rennen. Meine Mutter hat den Sonntagsbraten gerichtet, und mein Vater ging zum Frühschoppen. Ich selbst lag meist bis Mittag im Bett. Einmal muß man sich ausschlafen können. Das werden Sie mir ja noch zugestehen. Ich bin halt kein Kirchgänger. Und wenn ich mir die Leute ansehe, die Sonntag für Sonntag um 10 Uhr mit dem Gesangbuch unterm Arm zur Kirche stolzieren, dann sind das für mich keine attraktiven Leute. So wie die möchte ich nicht sein. Das sind doch alles nur Heuchler und Leisetreter. Das Christsein hat für mich nichts Anziehendes parat. Gewiß, in stillen Stunden habe ich schon mal gedacht, es wird wohl so etwas wie eine höhere Macht geben, einen obersten Chef, der Sonne, Mond und Sterne ihre Bahnen führt, und uns das Leben eingehaucht hat. So dumm bin ich nicht, daß ich nicht wüßte: Von nichts kommt nichts. Aber dann kamen mir auch wieder Bedenken. Wenn es einen solchen Chef gibt, dann müßte unsere Welt nicht so von Ungerechtigkeit, Streit, Hader, Krieg, Hunger, Ausbeutung zerrissen sein. Ich wüßte auch nicht, wo ich einen solchen Chef suchen sollte. Diese Art von Theologie und Philosophie hängt mir zu hoch."

Und mit diesen Worten lehnte sich der "Zivi" in die roten Polster zurück.

„Und genau an der Stelle möchte ich Ihnen behilflich sein. Dieser ‚oberste Chef', wie Sie das nennen, ist uns Menschen zum Greifen nahe gekommen. Jesus, der Sohn Gottes, wurde als Kind geboren, so wie Sie und ich. Seine Wiege war ein Futtertrog in einem elenden Stall. Seine Verhältnisse, in die er hineinkam, waren mehr als dürftig. Er liebte die Menschen und opferte sein Leben am Kreuz, damit wir Menschen durch seinen Tod mit Gott versöhnt würden. Keiner muß wegen seiner Sünde verloren gehen. Es gibt Rettung. Der Heiland der Welt, der Erlöser von Golgatha, hat unser Leid und Elend angesehen und einen Ausweg für uns geschaffen. Sie müssen zur Quelle gehen, wenn Sie wissen wollen, wo ein Fluß entspringt. Die Quelle, die uns zur Liebe Jesu führt, ist das Neue Testament. Dort können Sie die Person Jesu Christi begreifen. Lesen Sie die Geschichten, wie Jesus die Menschen liebte. Als sein Freund Lazarus starb, wurde Jesus vom Leid betroffen. Und dann sprach dieser Herr Worte von Kraft, heilige Worte, die zum ewigen Leben rufen: ‚Ich bin die Auferstehung und das Leben. Wer an mich glaubt, der wird leben, auch wenn er stirbt; und wer da lebt und glaubt an mich, der wird nimmermehr sterben.‘ Oder mir steht ein Aussätziger vor Augen. Lepra haben, das bedeutete, von den nächsten Angehörigen ausgestoßen zu sein. Keiner wollte etwas mit einem Aussätzigen zu tun haben. Sie schlossen sich zu kleinen Gruppen zusammen, vom Elend gezeichnet, bettelten und hofften, sie könnten auf diese Weise überleben. Wenn ihnen ein Gesunder begegnete, dann machte er einen großen Bogen um sie herum, denn die Ansteckung war gefährlich. Und dann traf Jesus einen solchen schwerkranken Menschen. Er streckte ihm die Hand entgegen, berührte ihn und heilte diesen Todgeweihten. Nie wich Jesus dem Leid aus, nein, er half, wo er nur konnte. Einer Mutter, die um ihren einzigen Sohn trauerte, gab er den Sohn zurück, indem er ihn von den Toten auferweckte. Verstehen Sie jetzt, warum ich von der Person Jesu so fasziniert bin? Er verbindet sich immer mit dem Elenden, dem Schwachen, dem Verzweifelten. Er ist zu den Kranken gekommen, auch zu den seelisch Kranken, heilte sie und sprach ihnen neuen Mut zu. Jesus ist einzigartig in seiner Liebe. Wenn Sie in diesem Leben Liebe erfahren wollen, dann binden Sie sich an Jesus. Orientieren Sie sich an Menschen, dann werden Sie enttäuscht sein, aber klammern Sie sich an Christus, dann wird Sie ein Staunen überkommen, wie er handelt. Er ist der Gottessohn, und in seiner Macht steht es, Sünden zu vergeben, Wunden zu heilen und Traurige zu trösten. Greifen Sie zum Neuen Testament.“

Plötzlich hörte ich, wie in den Abteilen nebenan die Türen aufgeschoben wurden. Der Zug verlangsamte seine Fahrt. Auf dem Gang bildete sich eine längere Schlange von Menschen. Etwas verwirrt darüber fragte ich einen Reisenden: „Wo sind wir eigentlich?“

„In Hagen“, lautete seine Antwort.

„Was, in Hagen?“ rief ich erschrocken. „Ich muß ja umsteigen.“

„Sagten Sie Hagen?" fragte mein Gesprächspartner. „So ein Pech! Was mach ich nur? O wei, o wei, ich hätte ja schon in Werdohl aussteigen müssen. Wie konnte mir das nur passieren? Bin ich ein Idiot!"

„Ach, da bin ich sicher mit schuld. Wir haben so intensiv miteinander diskutiert, daß wir das Aussteigen vergessen haben. Verzeihen Sie mir! Ich hoffe nur, daß Sie bald einen Zug finden, der wieder in entgegengesetzte Richtung fährt."

„Mal schauen", brummte der junge Mann in seinen strubbeligen Bart, nahm meine beiden Koffer in die Hände und begleitete mich zum anderen Bahnsteig.

„Trotz meines Mißgeschicks will ich mich bei Ihnen bedanken. Ihr Gespräch hat mich nachdenklich gemacht. Ich werde wohl meine Bibel vom Bücherbord herunterholen und mal nachschauen, ob das alles so stimmt, was Sie mir da erzählt haben. Herzlichen Dank und eine gute Weiterfahrt!"

Fest drückte mir der "Zivi" die Hand.

Wer Jesus hat, der hat das Leben

Eine Mutter erzählt:

„Wir sind zu Hause eine große Familie und haben sechs Kinder. Wenn wir unsere Geburtsanzeigen verschickten, dann haben wir fast immer draufschreiben können: ‚Unser diesjähriges Kind heißt Michael, unser diesjähriges Kind heißt Elisabeth, unser diesjähriges Kind heißt Joachim . . .'

Die Angst kam ganz plötzlich in unser Leben hinein. Es war der 23. Mai 1987, ein Samstag. Ich wurde auf die Straße gerufen. Kaum war ich ein paar Schritte gegangen, da kam mir unser Jüngster schon entgegen. Vor einem Haus liefen die Menschen zusammen. Meine Schwiegermutter löste sich aus der Menge und kam schluchzend und weinend auf mich zu: ‚Lilli, Lilli, komm schnell, Johannes liegt auf der Straße und stirbt.'

Da lag das Kind auf dem kalten, schmutzigen, grauen Pflaster. Einige Autos standen kreuz und quer. Ich ging zu Johannes, er weinte und wimmerte leise vor sich hin. Ich konnte die Situation nicht gleich erfassen, sah aber — da ich selbst Ärztin bin — daß unser Sohn lebensgefährlich verletzt war. Mit einem Kettcar war unser Junge eine steile Straße hinabgefahren und geradewegs unter ein Auto gerast. Besonders der Kopf war übel mitgenommen. Johannes war nicht mehr ansprechbar. Polizei und Notarzt waren zur Stelle. Unser Sohn wurde notdürftig versorgt und dann mit Blaulicht in das Krankenhaus gebracht. Ich stieg mit in den Sanitätswagen ein.

Nachdem Johannes gründlich untersucht worden war, bat mich die Ärztin zu sich. Sie eröffnete mir, daß sie die

Verantwortung für das Kind nicht übernehmen könne, der Junge müsse sofort nach Hamburg in die Kinderklinik gebracht werden. Mir wurde immer elender zumute. Johannes war jetzt bewußtlos, und ich hielt es für möglich, daß der Junge an inneren Blutungen litt.

Es folgten bange Minuten und Stunden. Der Hubschrauber kam und kam nicht. Ein zweiter wurde aus Bremen geordert. Es schien eine Ewigkeit zu dauern, und wertvolle Zeit verstrich. Ich saß auf einem Stuhl und hörte die Geräusche der Apparaturen auf der Intensivstation. In dieser Situation ließ ich all mein Wissen als Ärztin fallen. Ich fühlte mich machtlos. Ich konnte nichts, gar nichts für meinen Jungen tun. Zwei bange Stunden zog sich dieses Warten hin. Die behandelnden Ärzte wurden immer aufgeregter. Eine Minute nach der andern verstrich, ohne daß der Hubschrauber kam. Still saß ich da und dachte: Stirbt Johannes, dann ist er bei Gott. Wenn es aber der Herr will, dann kann er uns dieses Kind erhalten.

Inzwischen war mein Mann aus Göttingen gekommen. Er ist auch Arzt. Aber das ständige Piep, Piep, Piep auf der Intensivstation setzte ihm so stark zu, daß er nach Hause ging. Es ist doch ein Unterschied, ob das eigene Kind oder ein fremder Patient auf der Intensivstation liegt. Aber vielleicht war es auch gut, daß mein Mann zu den andern fünf Kindern ging.

Nachdem Johannes endlich mit dem Hubschrauber abtransportiert worden war, ließ ich mich mit einem Taxi nach Hause fahren. Mein Mann rief mich ins Wohnzimmer und sagte: ,Komm, Lilli, setz dich erst mal. Ich will dir etwas vorlesen.' Dann las er folgende Verse: ,Mein Kind, willst du Gottes Diener sein, dann schicke dich zur Anfechtung. Halte dich an Gott und weiche nicht, auf daß du immer stärker werdest. Alles, was dir widerfährt, das leide, und sei geduldig in aller Trübsal. Denn gleich wie das Gold durchs Feuer, also werden die, so Gott gefallen, durchs Feuer der Trübsal bewährt. Vertraue Gott, so wird er dir aushelfen; richte deine Wege und hoffe auf ihn. Die ihr den

Herrn fürchtet, hoffet das Beste von ihm; so wird euch Gnade und Trost allezeit widerfahren. Die ihr den Herrn fürchtet, harret seiner Gnade und weichet nicht, auf daß ihr nicht zugrunde geht. Sehet an die Beispiele der Alten und merket sie. Wer ist jemals zuschanden geworden, der auf ihn gehofft hat?

Wer ist jemals verlassen, der in der Furcht Gottes geblieben ist? Oder wer ist jemals verschmäht, der ihn angerufen hat? Denn der Herr ist gnädig und barmherzig und vergibt Sünden und hilft in der Not.' (Jesus Sirach 2, 1-13)

Dieses Wort der Bibel hat mich sehr getröstet. Wir erfuhren auch noch in der Nacht, daß Johannes doch keine inneren Blutungen habe. Aber das Kind blieb bewußtlos.

In der folgenden Zeit begann mich die Angst vor dem Tod zu beherrschen. Johannes war nun schon mehrere Tage bewußtlos, und wir wußten nicht, wann er wieder zu sich kommen würde oder ob er jemals wieder aufwachen würde. Und wenn er das Bewußtsein wiedererlangen würde, welche Schäden würden zurückbleiben?

Ich war in dieser Situation sehr hungrig nach jedem Wort von Gott. Was ich auch in der Bibel las, das sprach mich an. Als ich wieder einmal am Bahnhof stand, las ich einen kleinen Spruch. Er hing neben den Abfahrtstafeln der Züge. ‚Wer Jesus hat, der hat das Leben.'

Auf der Fahrt nach Hamburg sann ich diesem Wort nach. Wie ist das möglich, Jesus zu haben? Können wir ihn ergreifen? Ja, wir können es. Ich wollte diese Verheißung für mich in Anspruch nehmen und wurde an das Abendmahl erinnert, wo es heißt: ‚Nimm hin, das ist mein Leib.' Ich bin dann zum Krankenhaus-Seelsorger gegangen und bat ihn, mir das Abendmahl zu reichen. Ich wollte diese Verheißung richtig zugesprochen bekommen und gewiß sein: ‚Wer Jesus hat, der hat das Leben'; denn ich spürte, wie Angst und Sorgen mir das Vertrauen zu Gott ersticken wollten.

Der Pfarrer suchte dann mit mir die Kapelle auf. Dort reichte er mir Brot und Wein und segnete mich. Nun hatte ich wieder Kraft, am Bett meines schwerkranken Kindes zu sitzen und in diesem Vertrauen zu ruhen: ‚Wer Jesus hat, der hat das Leben.'

Ich klammerte mich jetzt nicht mehr an das Leben des Kindes, sondern an Jesus selbst. Ich wußte: Johannes und wir sind in seiner allmächtigen Hand. Dadurch nahm auch die Angst vor den Ärzten ab. Ich begann umzudenken: ‚Wer Jesus hat, der hat das Leben.' Nicht die Ärzte sind Machthaber über das Leben, sondern Jesus, denn die Ärzte müssen auch sterben, sie stehen unter Gott. Gott allein regiert.

Nach fünf Tagen konnte Johannes selbst atmen, aber er war noch immer nicht bei Bewußtsein. Dann aber kam ein Tag, den ich nie vergessen werde. Hoffnung brach auf. Unser Sohn schlug die Augen auf und flüsterte: ‚Mama, wo sind meine Brüder, Mama, wo ist Elisabeth?' Es war für mich ergreifend, dies zu erleben. Wie sehr fühlte sich Johannes mit seinen Geschwistern verbunden. Seine ersten Worte galten ihnen.

Wir sind in der Familie sehr glücklich über die Heilung und Genesung unseres Sohnes. Das Wort bestätigte sich: ‚Wer Jesus hat, der hat das Leben.'"

Wenn Kinder
aus dem Hause gehen ...

Ach, war das ein anstrengender Tag! Schon bei der Ankündigung, daß unser Sohn eine Abschiedsfete geben wollte, war ich nicht allzusehr davon erbaut. Denn ich steckte mitten in der Arbeit an einem neuen Buch. Aber dann wurde mir doch klar, ich sollte unserm Daniel ein Fest ausrichten, ein wunderschönes Fest sogar. Er sollte diesen Tag in froher Erinnerung behalten, denn nun beginnt ein neuer Abschnitt in seinem Leben. Die Schulzeit ist zu Ende, und das Studium beginnt. Glücklich über das gut bestandene Abitur richtet sich sein Blick auf die neue Ausbildungsstätte. Unsere Wege würden von nun an auseinandergehen. Warum dann nicht diesen Tag mit einem herrlichen Fest krönen?

Also, ich backte Kuchen und richtete Salatplatten, gleich vier an der Zahl. Mein Mann trug im Garten Holz zusammen, zündete das Feuer an und grillte Würstchen auf dem Rost. So nach und nach trudelten seine Klassenkameraden ein, mit denen er zum Teil 13 Jahre die Schulbank gedrückt hatte. Die jungen Leute ließen sich bei mir in der Küche sehen und trugen die schön verzierten Kostbarkeiten ins Freie.

„Hallo, Frau Bormuth", wurde ich herzlich begrüßt. „Na, das gibt ja eine Party so ganz nach unserm Sinn, wenn man sich die Teller ansieht. Ich habe schon in guter Vorausschau das Mittagessen übergangen. Jetzt bin ich hungrig wie ein Wolf", lachte einer aus der fröhlichen Truppe.

Als alle um das Grillfeuer herumsaßen, stellte Daniel das

Essen vor, und in der Art, wie er dies tat, spürte man ihm die Freude ab, daß ich ihm zuliebe all die leckeren Speisen bereitet hatte.

„Dies ist ein Rote Beete Salat – die Früchte stammen aus dem eigenen Garten — das ist ein Nudelsalat mit jungen Erbsen und Möhren, dies eine Quarkcreme mit Erdbeeren, und aus der Schüssel kann sich jeder mit Geflügelsalat bedienen."

Eigentlich hätte ich mich freuen können, so nett wurde alles angesagt, aber mir war ganz wehmütig zumute. Daniel ist unser Jüngster. Nun würde das Haus ganz leer werden. Traurigkeit keimte in mir auf. Jetzt würde ich die Ruhe haben, nach der ich mich schon lange gesehnt hatte, aber glücklich wurde ich nicht bei diesem Gedanken. Ich fühlte eine Enge in meiner Brust. „Ach Lotte", schalt ich mich in meinem Innern, „dir ist aber auch rein gar nichts recht zu machen." Und zur Wehmut gesellte sich das Gefühl der Angst und grenzenlosen Leere. Wie schwer fällt es mir, meinen Sohn loszulassen. Ich komme mir vor wie eine Glucke, die ängstlich ihre Flügel über ihre Jungen breitet und sie vor aller Gefahr beschützen möchte. Nein, ich darf meinen Sohn nicht festhalten, sondern muß ihn freigeben. Es ist sein Leben, und nun liegt die Verantwortung bei ihm, was er daraus macht.

Ich sehe immer noch das Kind vor mir, dabei ist Daniel ein junger Mann von 19 Lenzen. Wo ist nur die Zeit geblieben? Im D-Zug-Tempo sind die Jahre an mir vorübergerauscht. Es waren schöne, bewegte, aber auch aufregende Jahre voll froher Erinnerungen.

Ich weiß noch genau, mit welch gemischten Gefühlen ich dem Tag seiner Geburt entgegenblickte. Ich war keine junge Mutter mehr, und die Schwangerschaft war mit vielen Problemen verbunden. Manchmal fühlte ich mich so schwach und elend, daß mich die Sorge überfiel: Woher soll ich nur die Kraft hernehmen, diesem Kind zum Leben zu verhelfen. Und dann kam die Stunde, da ich dieses Überraschungsbaby in Händen hielt. Es war ein strammes Kerlchen — sieben Pfund schwer und 58 cm lang. Puterrot und quicklebendig zappelte das Kind auf meinem Bauch. Welch wonniges Gefühl! Welch ein Glück!

„Schrei, kleiner Mann, schrei laut, erobere dir die Welt! Du bist ins Leben gerufen. Was wird es dir bringen?"

Feucht wurde es in meinen Augen, und ich schämte mich der Tränen nicht, die mir über die Wangen rollten. Es waren Freudentränen. Unser Kind war geboren, mein eigen Fleisch und Blut. Und doch wurde mir sogleich bewußt: Dieser Sohn ist nicht dein Eigentum, sondern dir nur für eine gewisse Zeit anvertraut. Er ist ein eigenständiges Wesen. Die ganze Welt hätte ich vor Glück umarmen mögen. Die schönste Gabe, die einer Mutter gegeben werden kann, war mir in den Schoß gelegt. Es sprudelte nur so über meine Lippen: „Lobe den Herrn, meine Seele, und vergiß nicht, was er dir Gutes getan hat!"

Ja, ich nahm dieses Kind an und war auch bereit, es zu erziehen und zu lehren. Aber ich hätte nie gedacht, daß Erziehung eine so schwierige Aufgabe ist. Ich geriet an meine Grenzen, und es war mir nicht immer Erfolg beschieden. Ich weiß auch um Scheitern in dieser Herausforderung.

Aber heute wollte ich nur das Frohe wahrnehmen und wollte feiern. Bis nach Mitternacht zog sich die Fete hin. Wir saßen am Holzfeuer, spürten die Wärme auf unserer Haut, schauten in die rotgelben, violettblauen, grünweißen Flammen, hörten das Knistern der Äste und Scheite, sahen das Auflodern der züngelnden Flamme und hörten das Zischen, wenn der Wind in die heiße Glut fuhr. Nirgends läßt es sich besser reden als bei einem offenen Feuer.

Ich war still geworden und schwelgte in Erinnerungen und schönen Erlebnissen. Und bei all dem Zurückdenken an freudvolle, herrliche Geschehnisse wollte kein Glücksempfinden in mir aufkommen. Ich spürte den Schmerz, das Bedrängende, das Weh in meinem Innern. Ich wußte, jetzt geht eine bedeutsame Phase auch in meinem Leben zu Ende. Ab morgen werde ich kein Kind mehr zu Hause haben. Der letzte von Fünfen wird unser Dach verlassen.

Eine Sorge peinigte mich: Habe ich meinen Kindern das Wesentliche mit auf ihren Weg gegeben? Es ist sicher gut, wenn sie eine solide Ausbildung und ein fundiertes Wissen erhalten haben. Die Zukunft wird harte Anforderungen an sie stellen. Aber die Lebenstüchtigkeit erfahren Kinder nicht in Schulen und Betrieben, sondern in der wohligen Atmosphäre einer glücklichen Familie. Da wird der Grund für die innere Festigkeit gelegt, wenn sie von Eltern und Geschwistern Liebe und Geborgenheit wahrnehmen.

Aber als Christ darf ich meinen Kindern noch mehr auf den Weg in die Zukunft mitgeben. Tief in ihrem Sein darf das Vertrauen zu Jesus verankert sein. Die Wahrheit der Bibel soll ihr Gemüt prägen, und sie sollen Jesus als Heiland und Herrn kennenlernen. Dieses Ziel habe ich verfolgt, wenn ich abends vor dem Zubettgehen meinen Kindern biblische Geschichten erzählte und mit ihnen betete. Wie ein junger Mensch sein Leben meistert, hängt auch mit der Sinnfrage zusammen. So frage ich mich zurecht: Haben meine Fünf diesen Glauben und dieses Vertrauen zu Gott bei mir erleben können? Das sind Werte, die bleiben, auch wenn Stürme der Anfechtung über sie hereinbrechen.

So löste diese Abschiedsparty nachdenkliche Betrachtungen bei mir aus.

Der nächste Tag ist dann noch sehr aufregend. Wir suchen die Sachen zusammen, die für einen Studentenhaushalt wichtig sind.

„Daniel, brauchst du noch einen Topf? Hier pack diese Pfanne ein! Denk an den Fön! Willst du dir die Kakteen nicht mitnehmen? Nimm das Bild von der Wand, roll es zusammen und hänge es dir über dein Bett! Vergiß den Teppich nicht! Er macht deine Studentenbude gemütlich!"

Zum Schluß richte ich noch ein riesiges Futterpaket mit Kaffee, Tee, Schinken, Wurst, Marmelade, Honig usw. Und bei allen Hantierungen geht ein wohliges, warmes Gefühl durch meine Sinne: Junge, du sollst es in der Fremde guthaben!

Ja, ich verfalle sogar auf neckische Scherzereien, verstecke in den Strümpfen Schokoladenriegel, und im Pyjama eine Schachtel Pralinen.

Endlich sind alle Kartons verschnürt und stapeln sich im Flur zu einem Berg. Es ist fast so wie beim Auszug der Kinder Israel aus Ägypten.

Müde von all dem Tun strecke ich mich auf dem Sofa aus. Aber meine Ruhe ist nur von kurzer Dauer.

„Mama, du mußt mir noch sagen, wie ich meine Hosen und Hemden waschen muß!"

Also ich fange an zu erklären: „Erst mußt du die Schmutzwäsche sortieren. Weiß zu Weiß, und Bunt zu Bunt. Dann mußt du auf die Temperatur achten. Am besten du wäschst alles bei 60 oder 40 Grad, dann kann nicht allzu viel schief gehen. Hier stell den Karton mit Persil zu deinen Gepäckstücken."

Daniel wiederholt meine Anweisungen. „Mama, am besten, ich hole ein Blatt Papier und schreibe alles genau auf. Mama, diktier schon!

Mama, du mußt mir auch noch zeigen, wie Knöpfe angenäht und Strümpfe gestopft werden. Das muß ich unbedingt noch lernen."

Auch das noch, muß ich denken. „Daniel, hol schon mal einen Faden herbei und fädle die Nadel ein!" Mein Sohn wühlt im Nähkorb herum.

„Aber nimm doch nicht einen Wollfaden, der ist doch viel zu dick. Nie bekommst du den ins Nadelöhr! Nimm weißen Zwirn!" Der Knopf sitzt fest, wenn auch einen halben Zentimeter zu tief. Aber das soll mir jetzt egal sein. Die Zeit eilt.

Das Strümpfestopfen wird zu einem Fiasko. Auch wenn ich meinen Jungen aufs beste anleite, er zieht die Löcher einfach zusammen. „Daniel, hier hast du noch 50 DM. Damit kannst du dir neue Socken kaufen. Die Strümpfe, die du gestopft hast, wirst du nicht mehr über deine Füße ziehen können. Sie sind zwei Nummern zu klein. Du kannst sie vergessen!"

„Mama, warum habe ich Wäsche waschen, Nähen und

Stopfen nicht schon früher gelernt?" Ja, das frag ich mich auch.

Aber endlich ist alle Arbeit geschafft. Vollbeladen steht das Auto vor dem Haus. Jetzt ist die Stunde des Abschieds gekommen. Wir sitzen im Wohnzimmer zusammen, lesen ein Wort aus der Bibel und falten unsere Hände zur Gebetsgemeinschaft. Dann sprechen wir Eltern noch den Segen über unserm Sohn aus: „Der Herr segne dich und behüte dich! Der Herr lasse sein Angesicht über dir leuchten und sei dir gnädig!"

Ich begleite Daniel bis ans Auto. Dann nehme ich ihn fest in die Arme und küsse ihn herzhaft auf die Wange. Am liebsten möchte ich ihn gar nicht mehr loslassen.

Vater und Sohn steigen ins Auto, und die Fahrt beginnt. Ich stehe am Straßenrand und winke, bis der Wagen an der Wegbiegung verschwunden ist. Erst jetzt lasse ich meinen Tränen freien Lauf.

Aber die Traurigkeit darf mich nicht lange gefangen nehmen. Ich will dankbar zurückschauen und all dessen gedenken, was ich Frohes mit Daniel erlebt habe. Die Erinnerung wird mir zu einer tiefen bleibenden Freude.

Drei Wochen später halte ich einen Brief in Händen. Er ist mir überaus wertvoll. Ich lese die Worte, die mir mein Sohn sonst so nie gesagt hätte, und bin bewegt:

Hermannsburg, den 25. 9. 92

Liebe Mama, lieber Papa!

Ich möchte mich erst einmal für Deinen schönen Brief bedanken, Mutti. Es tut immer gut, von Euch zu hören. Auch danke ich für alle Gebete, die Ihr unserm Herrn Jesus anvertraut habt, daß er mich behüte, mich leite, mich unterweise und mich segne. Zu wissen, daß meine Eltern für mich beten, an mich denken und mich sehr lieben, ist ein kostbares Geschenk, von dem ich in guten wie in schlechten Tagen immer zehren kann, ohne daß sich Eure Liebe aufbraucht. Jetzt, da ich für längere Zeit von Zuhause weg bin, lerne ich Euch noch viel mehr schätzen und lieben. Nun mache ich eine ganz neue Entwicklung mit. Die Schul- und Jugendzeit ist vorbei, jetzt lerne ich langsam, in das Erwachsenenleben hineinzufinden. Diese Umstellung ist sicherlich nicht einfach, aber notwendig. Jedenfalls bin ich genau so gespannt wie Ihr, wie meine Studienzeit verlaufen wird. Im festen Vertrauen auf Gottes Führung dürfen wir getrost und zuversichtlich in die kommende Zeit schauen.

Meine Tage am Missionsseminar erlebe ich sehr intensiv. Der Unterricht fordert mich zum eigenständigen Denken heraus, was manchmal an die innere Substanz geht. Es geschieht viel, das auf mich einströmt, und ich muß lernen, alles zu verarbeiten, einzusortieren und zu reflektieren. Diese Vorgänge fordern viel Kraft, vielleicht ist es deshalb so anstrengend, weil ich mich noch nie zuvor so vielen Fragen stellen mußte.

Eine große Hilfe beim Verarbeiten meiner Erlebnisse ist mir mein geistliches Tagebuch geworden. Wenn sich alles in meinem Kopf anstaut, so wirkt mein Tagebuch wie ein Ventil, aus dem der Druck entweichen kann. Ich glaube auch, ich hätte viel Freude an der Schriftstellerei. Das hörst Du sicher gern, Mama. Es kommt vor, daß mich die Geschehnisse des Tages so gefangen nehmen, daß ich schwer einschlafen kann. Hin- und hergerissen von meinen verwirrenden Gedanken, wälze ich mich in meinem Bett herum. Deshalb bitte ich Euch, für mich zu beten, daß Gott mir jeden Tag neue Kraft schenke, meine Erlebnisse zu verarbeiten, Neues zu begreifen und hinter allem, was geschieht, seine bergende Hand zu entdecken. Ich muß sagen, daß Gott mir gute Glaubensbrüder hier geschenkt hat. Wir verstehen uns untereinander sehr gut, obwohl es auch zu Spannungen kommen kann, die aber gerade Aufschluß über den Wert einer Gemeinschaft geben. Ich selbst lerne, mich in dieser Gemeinschaft zurechtzufinden, Konflikte auszutragen und dem andern mit Ehrerbietung zuvor zu kommen.

Auch habe ich angefangen, Griechisch zu wiederholen, und es macht mir viel Freude. Morgens stehe ich um sechs Uhr auf, um Stille Zeit zu halten. Den Tag auf diese Weise zu beginnen, ist ein besonderer Segen. Was mir ebenfalls viel Freude bereitet, ist unser spanischer Andachtskreis. Jeden Freitag treffen wir uns in der Frühe, um gemeinsam zu beten, zu singen und Gottes Wort zu betrachten. Dieser Kreis dient mir auch dazu, mir immer wieder zu vergegenwärtigen, daß es Christen auf dieser ganzen Erde gibt, die alle eine andere Sprache sprechen.

Wenn das Wetter so schön ist wie jetzt, gehe ich oft im nahegelegenen Wald spazieren und setze mich an einen Baum, um dort ungestört meinen Gedanken nachzugehen. Ich denke, daß es sehr wichtig ist, sich immer wieder zurückzuziehen, um nicht in all dem Trubel zu versinken. Die Zeit- und Tageseinteilung ist daher überaus nötig und ganz wesentlich. Ich will ja nicht bloß die Wochen an mir vorüberrauschen lassen.

Über Eure Anrufe und Eure Briefe freue ich mich.

Es grüßt Euch Euer lieber Sohn Daniel

Leben mit Gott — wie spannend!

Davon berichten die Bücher von Lotte Bormuth.

Lotte Bormuth ist Hausfrau in Marburg, verheiratet und Mutter von fünf Kindern. Durch viele Bücher und auch durch zahlreiche Vorträge ist sie weithin bekannt geworden. Bei ihr spürt man den weiten Erfahrungshorizont und ihre Fähigkeit, den Menschen in seiner Ganzheit zu sehen und nüchterne, biblische Seelsorge zu bieten.

ICH STAUNE ÜBER GOTTES FÜHRUNG
TELOS-Taschenbuch Nr. 302, 104 Seiten

GOTT KOMMT MIR IMMER ENTGEGEN
TELOS-Taschenbuch Nr. 326, 104 Seiten

... SO SOLLT IHR MEINEN BOGEN SEHEN
TELOS-Taschenbuch Nr. 416, 132 Seiten

DA BLEIBT MIR NUR DAS STAUNEN
TELOS-Taschenbuch Nr. 571, 136 Seiten

VOM GLANZ DES GLAUBENS
TELOS-Taschenbuch Nr. 618, 120 Seiten

WENN DIE SEELE WIEDER SINGT
TELOS-Taschenbuch Nr 7602, 160 Seiten

GOTT ENTDECKEN IST LEBEN
TELOS-Taschenbuch Nr. 7628, 128 Seiten

MÜTTER IN DER KRISE — MÜTTER UNTER GOTT!
Edition C-Taschenbuch Nr. T 63, 88 Seiten

GOTT BAUT — WIR BAUEN MIT
Edition C-Taschenbuch Nr. T 71, 88 Seiten